主　　编　孙晓勇　国家法官学院院长
最高人民法院司法案例研究院院长
副 主 编　彭永和　最高人民法院司法案例研究院副院长
刘　畅　最高人民法院司法案例研究院规划部主任
黄　斌　国家法官学院科研部负责人
主编助理　边疆戈　国家法官学院科研部编辑
赵文轩　最高人民法院司法案例研究院规划部编辑
刘丽媛　最高人民法院司法案例研究院规划部编辑

《中国法院年度案例》编辑人员（按姓氏笔画）
刘　畅　朱建伟　朱　琳　李晓果　杨小利
罗胜华　胡　岩　赵文轩　唐世银　袁登明
曹海荣　梁　欣　程　瑛

本书编审人员　罗胜华

中国法院

2021年度案例

国　家　法　官　学　院
最高人民法院司法案例研究院◎编

知识产权纠纷

中国法制出版社
CHINA LEGAL PUBLISHING HOUSE

《中国法院年度案例》通讯编辑名单

序

党的十八大以来，以习近平同志为核心的党中央高度重视法治在推进国家治理体系和治理能力现代化中的重要作用，中央全面依法治国工作会议更是明确习近平法治思想在全面依法治国中的指导地位，为全面依法治国提供了根本遵循和行动指南。近年来，人民法院始终将加强司法案例研究作为推进全面依法治国的重要途径，通过发布具有普遍指导意义的典型案例，统一法律适用、提高审判质量，不断推进人民法院严格公正司法。《中国法院年度案例》丛书，旨在完善中国特色案例指导制度，总结提炼典型案例的裁判规则和裁判方法，发挥司法规范、指导、评价、引领的重要作用，大力弘扬社会主义核心价值观，增强全民法治意识和法治素养，展现新时代我国法治建设新成就。

《中国法院年度案例》丛书自2012年编辑出版以来，已连续出版9套，受到读者广泛好评。近年来，为更加全面地反映我国司法审判执行工作的发展进程，顺应审判执行实践需要，响应读者需求，丛书2014年度新增金融纠纷、行政纠纷、刑事案例3个分册，2015年度将刑事案例调整为刑法总则案例、刑法分则案例2个分册，2016年度新增知识产权纠纷分册，2017年度新增执行案例分册，2018年度将刑事案例扩充为4个分册。自2020年起，丛书由国家法官学院与最高人民法院司法案例研究院共同编辑，每年年初定期出版。在全国各级人民法院的大力支持下，丛书编委会现编辑出版《中国法院2021年度案例》系列丛书，共23册。

《中国法院年度案例》丛书以开放务实的态度、简洁明快的风格，在编辑中坚持以下方法，努力把案例书籍变得“好读有用”：一是高度提炼案例内容，控制案例篇幅，每个案例基本在3000字以内；二是突出争议焦点，剔除无效信息，尽可能在有限的篇幅内为读者提供有效、有益的信息；三是注重对裁判文书的再加工，大多数案例由案件的主审法官撰写“法官后语”，高度提炼、总结案例的指导价值，力求引发读者思考，为司法工作提供借鉴，为法学研究提供启迪。

《中国法院年度案例》丛书编辑工作坚持以下原则：一是广泛选编案例。国家法官学院和最高人民法院司法案例研究院每年通过各高级人民法院从全国各地法院汇集上一年度审结的典型案例近万件，使该丛书有广泛的精选基础，优中选优，可提供给读者新近发生的全国各地多种类型的典型性案例。二是方便读者检索。为体现以读者为本，丛书分卷细化，每卷下还将案例主要根据案由分类编排，每个案例用一句话概括裁判规则、裁判思路或焦点问题作为主标题，让读者一目了然，迅速找到目标案例。

中国法制出版社始终全力支持《中国法院年度案例》丛书的出版，给了作者和编辑们巨大的鼓励。2021年，丛书将继续提供数据库增值服务。购买本书，扫描前勒口二维码，即可在本年度免费查阅往年同类案例数据库。我们在此谨表谢忱，并希望通过共同努力，逐步完善，做得更好，真正探索出一条编辑案例书籍、挖掘案例价值的新路，更好地服务社会主义法治国家建设、服务法治社会建设、服务学习研究法律的读者。

《中国法院年度案例》丛书既是法官、检察官、律师等法律工作者的办案参考和司法人员培训的实用教材，也是社会大众学法用法的经典案例读本，同时是教学科研机构案例研究的良好系列素材。当然，案例作者和编辑在编写过程中也难以一步到位实现最初的编写愿望，客观上会存在各种不足甚至错误，欢迎读者批评指正。我们愿听取各方建议，不断扩宽深化司法案例研究领域，实现中国特色案例研究事业的新发展。

国家法官学院

最高人民法院司法案例研究院

2021年2月22日

目　录

Contents

一、专利纠纷

二、商标民事纠纷

三、商标行政纠纷

四、著作权纠纷

五、侵害信息网络传播权纠纷

六、不正当竞争纠纷

一、专利纠纷

1

公证程序引起诉讼时效中断的考量因素

——英特莱公司诉森林公司等侵害发明专利权案

【案件基本信息】

1. 裁判书字号

北京市高级人民法院（2019）京民终61号民事判决书

2. 案由：侵害发明专利纠纷

3. 当事人

原告（上诉人）：英特莱公司

被告（上诉人）：森林公司

被告（被上诉人）：森林公司北京分公司、金色四季公司被告、昕亿华公司

【基本案情】

涉案发明专利的名称为“防火隔热卷帘用耐火纤维复合卷帘及其应用”，专利权人为英特莱公司。2011年8月25日，英特莱纺织公司的委托代理人向北京市方圆公证处申请对其所拥有的涉案专利被侵权使用的情况进行证据保全。2011年8月30日，该委托代理人与公证人员一同前往位于北京市海淀区某路117号的金四季购物中心，在公证人员检查数码相机存储卡内无存储图像的情况下，监督该委托代理人使用上述数码相机对金四季购物中心的外景、位于四层的爱普奥特莱斯名品服饰广场LI－NING KIDS商铺旁侧的防火隔热卷帘，及一层对一层上方的防火隔热卷帘

进行了拍照取证。为此，方圆公证处出具了（2011）京方圆内经证字第18794号公证书（以下简称第18794号公证书）。公证书中的照片显示，在上述取证地点安装的防火卷帘破损处可见内部铝箔层及钢丝。英特莱公司主张四被告制造、销售、使用侵权产品的行为已经侵犯了英特莱公司的合法权益。森林北京分公司及森林公司共同辩称：英特莱公司的起诉明显超过诉讼时效。森林北京分公司及森林公司在涉案项目提供的产品没有侵犯英特莱公司的专利权。英特莱公司诉求的经济损失和合理费用明显没有依据。

【案件焦点】

专利权人通过多种途径主张权利，尤其是在进行过公证保全证据的情况下，对于申请时间、公证时间，法院应当如何认定专利权人得知或者应当得知侵权行为之日？

【法院裁判要旨】

北京知识产权法院经审理认为：关于英特莱公司提起本案诉讼是否超过诉讼时效的问题。本案中，虽然英特莱公司的委托代理人在2011年8月25日就申请公证机关对涉案专利被侵权的情况进行保全证据公证，但并不意味着其已经掌握了侵权行为人实施侵权的证据，在森林北京分公司及森林公司未提交充分证据证明此时英特莱公司已经知道或应当知道侵权行为的情况下，不能以该日作为诉讼时效的起算时间。2011年8月30日，英特莱公司委托代理人在公证人员的监督下，看到了被诉侵权产品，并进行了现场取证，可以认定在这个时间点，权利人已经知道或应当知道侵权行为的存在。从这个时间点计算，到英特莱公司于2013年8月27日向北京市知识产权局提交专利侵权纠纷处理请求，并未超过2年诉讼时效。同时，英特莱公司向作为有权管理专利工作的部门即北京市知识产权局请求处理专利侵权纠纷的行为，理应产生诉讼时效中断的法律效果。自该中断时起，至英特莱公司于2015年8月13日向法院提起诉讼亦未超过2年诉讼时效。因此，森林北京分公司及森林公司辩称英特莱公司起诉超过法定诉讼时效的意见不能成立。关于森林北京分公司及森林公司辩称其不是被诉侵权产品的制造者的意见不能成立，其依法应当承担停止侵权、赔偿损失的民事责任。

北京知识产权法院依照《中华人民共和国专利法》第十一条第一款、第五十九条第一款、第六十五条、第六十八条第一款，《中华人民共和国民法通则》第一百四十条，《最高人民法院关于审理民事案件适用诉讼时效制度若干问题的规定》[①]第十四条之规定，判决：一、被告森林公司北京分公司、被告森林公司于本判决生效之日起，立即停止制造、销售原告英特莱公司第 ZL00107××××号“防火隔热卷帘用耐火纤维复合卷帘及其应用”发明专利权的行为；二、被告森林公司北京分公司、被告森林公司于本判决生效之日起十五日内赔偿原告英特莱公司经济损失 60 万元；三、被告森林公司北京分公司、被告森林公司于本判决生效之日起十五日内赔偿原告英特莱公司所支付的合理费用 1 万元；四、驳回原告英特莱公司的其他诉讼请求。

英特莱公司、森林公司不服一审判决，提出上诉。

北京市高级人民法院经审理认为一审法院认定事实清楚，适用法律正确，依照《中华人民共和国民事诉讼法》第一百七十条第一款第一项之规定，判决：驳回上诉，维持原判。

【法官后语】

当前如何促进科技创新和加快社会发展已成为世界关注的焦点。专利保护是连接专利创造、运用和管理的枢纽，其作为专利制度的核心内容，已经成为法院审理案件的重点。对于专利侵权诉讼，被告依法享有效力抗辩、不侵权抗辩、现有技术抗辩等多种抗辩权利，其中诉讼时效抗辩是最常见的，也是争议最大的。专利法第六十八条第一款规定：“侵犯专利权的诉讼时效为二年，自专利权人或者利害关系人得知或者应当得知侵权行为之日起计算。”专利权人或者利害关系人何时知道侵权行为应当通过查明的事实予以确定。但是根据当事人的举证，常常无法准确确定时间，因此对于如何理解专利权人“应当知道”则成为案件审理的难点之一。本案即涉及此项问题，原告于 2011 年 8 月 25 日申请公证。公证机关于 2011 年 8 月 30 日进行公证。原告又于 2013 年 8 月 27 日向北京市知识产权局请求处理专利侵权纠纷，于 2015 年 8 月 13 日向法院提起诉讼。因此，对于如何认定原告应当知道权利

① 此处指 2008 年发布的《最高人民法院关于审理民事案件适用诉讼时效制度若干问题的规定》，其已于 2020 年修正，本书收录的案例均裁判于其修改生效前，适用的是当时有效的法律法规及司法解释，下文将不再对此进行提示。

被侵害的起始时间成为本案的争议焦点。关于如何认定，主要有以下三种观点：

第一种观点认为，应当以原告申请公证机关进行公证日之前确定合理时间为诉讼时效起算点。原告在申请公证之前肯定已经知道其被侵权的情况，故应该根据涉案专利的复杂程度，当事人的诉讼能力等情况由法院确定合理的时间为诉讼时效起算点。

第二种观点认为，应当以原告申请公证机关进行公证日为诉讼时效起算点。原告申请进行公证，其内容、目的、方式都必然是明确的，故可佐证其对被侵权的情况是知道的，以此时间为准，会相对客观并容易确定。

第三种观点认为，应当以公证机关进行公证当日为诉讼时效起算点。原告申请公证时可能对被侵权情况是知道的，但也可能只是怀疑，需要在现场调查时才能确认。原告只有在公证当日知道了被侵权的情况，才能开始准备如何向侵权人主张权利。

笔者认为上述第三种观点更为合理和符合设立诉讼时效制度的本意，主要理由如下：

第一，关于诉讼时效制度的设立目的。诉讼时效制度虽具有督促权利人行使权利的立法目的，但其实质并非否定权利的合法存在和行使，而是禁止权利的滥用，以维护社会交易秩序的稳定，进而保护社会利益。维护社会交易秩序，保护社会公共利益是诉讼时效制度的根本立法目的。

第二，知识产权与诉讼时效的关系。知识产权具有支配性、排他性，为防止知识产权长久存在而阻碍科技进步，法律规定了知识产权的有效期对其予以限制，但该有效期并非诉讼时效期间。专利权属于支配权，专利法上具有财产利益内容的请求权一般属于债权请求权，适用诉讼时效的规定。

第三，专利侵权诉讼的特殊性。专利权是一种无形财产权，其保护范围不像有形财产的保护范围那样直观明确，必须先对专利权的保护范围进行确定，再判断被诉侵权技术方案是否在专利权的保护范围内。权利人在申请公证时可能已经全面了解被诉侵权技术方案，但也可能只是有一定了解，由于技术特征可能存在一定隐蔽性，出于保护证据完整性等目的，需要在进行公证时才能全面了解被诉侵权技术方案。

综合上述考量因素，一、二审法院均准确理解了专利侵权诉讼的特点及诉讼时效的规定，最终判决侵权人承担赔偿责任是正确的。

编写人：北京知识产权法院　李志峰

2

专利权权属案件中依优势证据认定专利权人

——A. E. S以色列公司诉北京新华安通公司发明专利权权属案

【案件基本信息】

1. 裁判书字号

北京市高级人民法院（2019）京民终190号民事判决书

2. 案由：发明专利权权属纠纷

3. 当事人

原告（被上诉人）：A. E. S以色列公司

被告（上诉人）：北京新华安通公司

【基本案情】

A. E. S以色列公司诉称，其主要从事高层疏散逃生系统的研发。2013年3月，被告北京新华安通公司成立，其拥有第“20141028××××.1”号名为“一种高层建筑物逃生系统”的发明专利（即涉案专利）。北京新华安通公司与A. E. S以色列公司接触之前，不具备任何高楼逃生疏散系统的技术和研发能力，既未生产过同样产品，也没有相关产品的国内市场。2013年4月至12月，北京新华安通公司为引进A. E. S以色列公司技术，与A. E. S以色列公司签订备忘录，由A. E. S以色列公司负责型号为AMES－2的样品（以下简称涉案样品）的研制生产，A. E. S以色列公司一周内提供样品的全套技术文件。A. E. S以色列公司与北京新华安通公司签订《中外合资经营企业合同》，决定建立中外合资经营企业有限公司。合同签订后，A. E. S以色列公司将高楼逃生系统的技术资料交予被告。A. E. S以色列公司将样品的相关技术资料交付被告。A. E. S以色列公司完成涉案样品的研制生产后，将涉案样品以及样品的全套技术文件、涉案样品的用户手册交付北京新华安通公司。涉案样品运抵中国后，北京新华安通公司委托国家消防装备质量监督检验中心进行了样品的安装测试，并出具了检验报告。由于北京新华安通公司原因，合资公司未设立。后A. E. S以色列公司发现，北京新华安通公司由A. E. S以色列公司处获得涉案样品以及全套技术文件和用户手册后，擅自将英文原版手册翻译成中文并注明版权归其所有，同时在上述检验报告中，北京新华安通公司将生产单位标注为自己。A. E. S以色列公司向中华人民共和国国际经济贸易仲裁委员会提出仲裁申请，请求解除合资合同。2015年7月，仲裁裁决解除合资合同，裁决书中明确认定A. E. S以色列公司研制生产出样品，并将样品交付被告。涉案专利的技术方案实质上就是A. E. S以色列公司发往北京新华安通公司的技术资料、图纸所载的技术方案。北京新华安通公司并未对涉案专利的实质性特点作出创造性的贡献，涉案专利的专利权应归属于A. E. S以色列公司。A. E. S以色列公司请求法院判令：1. 确认涉案专利的专利权归属A. E. S以色列公司所有；2. 北京新华安通公司于判决生效10日内将涉案专利的专利权变更为A. E. S以色列公司，变更费用由北京新华安通公司承担；3. 由北京新华安通公司承担全部诉讼费用。

北京新华安通公司辩称：涉案专利系被告自主申请，系第“20122040××××.5”号专利的延伸。涉案样品系半成品，缺少核心技术，且涉案样品与被告在2012年申请的第“20122040××××.5”号专利基本相同。A. E. S以色列公司始终未提供技术文件和专利复印件。综上，请求驳回原告的诉讼请求。

【案件焦点】

涉案专利的专利权的归属问题。

【法院裁判要旨】

北京知识产权法院经审理认为：A. E. S以色列公司主张北京新华安通公司从A. E. S以色列公司处获得了高层疏散逃生系统技术并申请了涉案专利，涉案专利的专利权应属于A. E. S以色列公司。对此，A. E. S以色列公司应当提供证据加以证明。根据查明事实，A. E. S以色列公司与北京新华安通公司双方曾存在商业上的合作关系。A. E. S以色列公司与北京新华安通公司于2013年4月召开高楼逃生设施项目的投资合作商谈会，并于2013年5月签订了备忘录，双方一致同意在中国共同进行研发、生产、销售、推广及升级产品的开发。根据备忘录的约定，北京新华安通公司进行出资，A. E. S以色列公司在以色列生产涉案样品，并于2013年10月交付北京新华安通公司进行检验，北京新华安通公司委托国家消防装备质量监督检验中心进行检验并出具了《检验报告》。A. E. S以色列公司研发的涉案样品为“一种高楼疏散系统”，涉案专利的发明名称为“一种高层建筑物逃生系统”。根据勘验结果，涉案样品与涉案专利的技术方案基本上能够一一对应，仅拉杆机构、钩挂件、第二销杆及由节点控制滑道本体打开长度的特征无法从涉案样品中示出。但根据涉案样品检测时所拍摄的照片，可确定以下情况：涉案样品“L”形的把手部件原连接有拉杆；舱门下部一侧原有一片状部件；“U”形部件可通过螺钉固定飘带端部的固定圈；存储舱顶板外侧设置原有两个中空的凸楞。由此可推断，涉案样品原有的很多部件均已被拆除，因此不能排除涉案样品原本具有拉杆机构、钩挂件等部件的可能性。

北京新华安通公司主张涉案专利系其自主研发，涉案专利系专利号为“20122040 ××××. 5”专利的延伸。对此法院认为，“20122040 ××××. 5”号专利的申请日早于北京新华安通公司成立日期，且北京新华安通公司并未举证证明“20122040 ××××. 5”号专利与北京新华安通公司之间具有何种关联。故北京新华安通公司提交的证据不能证明涉案专利系其自主研发。此外，北京新华安通公司主张涉案样品不存在托架。法院认为，根据查明事实，涉案样品舱门内部设置有一外方内圆的框架及一中间略凹的板形框架，两者相连接，整体呈“L”型。外方内圆的框架和板形框架的交接处设置有转轴，两者可绕该转轴翻转一定角度。外方内圆的框架和板形框架整体相当于托架，故对于北京新华安通公司的上述主张不予支持。

因此，在A. E. S以色列公司与北京新华安通公司曾存在商业上的合作关系、涉案样品于涉案专利申请日前由A. E. S以色列公司研制并交付给北京新华安通公司进行检测、涉案样品与涉案专利的技术方案基本能够一一对应、涉案样品部分原有部件明显已被拆除、北京新华安通公司提交的证据不能证明涉案专利系其自主研发的情况下，法院认为更多优势证据指向了涉案专利系A. E. S以色列公司完成的发明创造，涉案专利的专利权应归属于A. E. S以色列公司。判决：

一、确认ZL20141028 ××××. 1“一种高层建筑物逃生系统”发明专利的专利权归原告A. E. S以色列公司所有；

二、驳回原告A. E. S以色列公司的其他诉讼请求。

北京新华安通公司不服原审判决，提起上诉。二审法院同意一审法院裁判意见，依据《中华人民共和国民事诉讼法》第一百七十条第一款第一项之规定，判决：

驳回上诉，维持原判。

【法官后语】

在司法实践中，涉及专利方面的权属纠纷分为专利申请权纠纷和专利权权属纠纷。专利权权属纠纷是一种针对授权专利的确认之诉。随着各企业知识产权保护意识的提高，各行业企业间合作的提升，技术人员流动的加快，专利权权属纠纷案件数量近年呈增加趋势。《中华人民共和国专利法》第六条第二款、《中华人民共和国专利法实施细则》第十三条对专利权人、发明人进行了规定。此类案件的审理焦点在于确定涉案专利的归属。涉案专利的归属主要以该专利的实质性特点到底是谁创造性贡献来作为判断依据。

本案主要按照以下思路进行审理：一是利用举证责任规则分配证明责任。根据“谁主张、谁举证”原则，原告主张被告从原告处获得相关技术并申请了涉案专利，原告应就此主张提供相应的证据加以证明。本案中，原告提交了以下证据：在涉案专利申请日前原告与被告商业合作备忘录、原告研发的涉案样品交给被告并委托被告进行检验的情况、原告涉案样品现场测试照片等，并向法院申请证据保全扣押涉案样品。被告答辩称涉案专利系其自主研发，并提交另一专利以证明涉案专利由另一专利延伸而来。二是使用证据判断规则判断证据的可采性及证明力大小。法院根据原告提交的证据，对原告的涉案样品与涉案专利的技术方案进行比对，比对结果为：涉案样品与涉案专利的技术方案基本能够一一对应，仅拉杆机构、钩挂件、第二销杆及由节点控制滑道本体打开长度的特征无法从涉案样品中示出。但根据涉案样品检测时所拍摄的照片，可确定涉案样品原有的很多部件均已被拆除。因此，不能排除涉案样品原有上述拉杆机构、第二销杆等部件的可能性。且被告仅提交另一专利文件，但无法证明其提交的另一专利与被告具有何种关系。三是利用优势证据原则来决定当事人的诉讼请求。根据《最高人民法院关于适用〈中华人民共和国民事诉讼法〉的解释》第一百零八条第一款、第二款，《最高人民法院关于民事诉讼证据的若干规定》(2008调整）第七十三条第一款的规定，优势证据规则是对双方所举证据的证明力进行判断时所确立的规则，属于采信原则，当证明某一事实存在或不存在的证据的证明力比反对的证据更具有说服力，或者比反对的证据可靠性更高，由法官采用具有优势的一方当事人所列举的证据认定案件事实。本案中，虽然涉案样品与涉案专利的技术方案存在小部分差异，但鉴于原告与被告的合作关系、涉案样品曾交付被告进行测试的事实、涉案样品测试现场照片的内容及被告无法证明涉案专利系其自主研发的情况下，当事人提交的证据能让法官心里产生确信“存在的可能性大于不存在的可能性”，更多的优势证据指向了涉案专利系原告完成的发明创造，涉案专利的专利权应当归属于原告。

优势证据规则包括以下几个方面：(1) 优势证据规则所确定的标准是一种相对真实，而不是绝对真实。过去发生的事情难以进行还原和复制，只能依据现有材料对某些重要的情节进行固定。因此，通过证据固定下来的事件情节是一种相对事实。虽然不是过去发生事件的完整全貌，但可确定下来的重要事实使得案件能有一个比较明确的法律判定。(2) 优势证据规则所表达的证明标准是一种最低限度的标准。这种最低限度的标准建立在两个基础条件之上：一是双方当事人之间提供的证据有分歧，甚至将案件指向完全相反的两个方向，同时法院通过当事人申请调查的证据或者依职权调查的证据无法清晰地证明案件事实，即案件在现有证据下存在事实不清的现象；二是法院对双方当事人所举证据进行比较的结果，但这种比较必须建立在最低限度的标准基础上，而不是简单的比较。当事人双方的证据由法院比较哪一方的证据更具有说服力。(3) 优势证据规则建立在证明责任基础上。一方面，当事人对自己所提的主张负有举证责任，向对方提供的证据是为了阻碍举证者解除其举证责任，抵消、削弱其所举证据的分量。另一方面，优势证据规则要求负有举证责任的当事人提供的证据在质量或分量上达到“明显优势”。如果负有举证责任的一方和相对方提供的证据所支持的事实均不能达到优势证据程度，人民法院应当依据证明责任的分配规则作出裁判，由负有证明责任的一方当事人承担举证不能的不利后果。

编写人：北京知识产权法院　李春锦

3

专利侵权合法来源认定应尊重交易习惯

——源德盛公司诉罗某文侵害实用新型专利权案

【案件基本信息】

1. 裁判书字号

重庆市第一中级人民法院（2018）渝01民终8373号民事判决书

2. 案由：侵害实用新型专利权纠纷

3. 当事人

原告（被上诉人）：源德盛公司

被告（上诉人）：罗某文

【基本案情】

2015年1月21日，国家知识产权局颁发第4079×××号实用新型专利证书，专利权人系源德盛公司。2016年12月16日，重庆市公证处出具（2016）渝中证字第4594号公证书，内容表明：2016年12月15日，源德盛公司的委托代理人与公证人员于“步行者电器”处购买自拍杆四个，共计80元，发票上盖有“罗某文发票专用章”，经比对，该产品的技术特征包含了源德盛公司专利权利要求2全部技术特征，侵犯源德盛公司的专利权。

后罗某文举示了渝中区屏有通讯器材经营部的个体工商户管理登记卡和营业执照照片。另举示抬头为“重庆靓宇通讯”的送货单，显示：购货单位为“罗某文”，发货人为“朱”。在送货单的右下方，附有“渝中区屏有通讯经营部”盖章，商品名称和数量为迷你自拍杆5个，加长自拍杆5个，送货单时间为2016年3月3日，罗某文于当日通过支付宝转款方式向朱兴宏支付货款510元。根据该店铺的照片显示：位于重庆市渝中区长江二路××号重庆通信器材交易市场中嘉通信城一层××号开间的店铺名称为“靓宇通信”。此地址与屏有通讯器材经营部工商执照上记载的经营地址一致。(2016) 渝中证字第××号公证书记载公证购买的涉案产品的黑色外包装上注明是3代，与罗某文在视频中向屏有通讯器材经营部出示的产品基本相同。

【案件焦点】

专利侵权案件销售商合法来源抗辩成立的条件。

【法院裁判要旨】

重庆市渝北区人民法院经审理认为：源德盛公司系涉案专利专利权人。经比对，罗某文销售的产品技术特征包含了涉案专利权利要求2全部技术特征。罗某文的销售行为侵犯了源德盛公司享有的涉案实用新型专利权。罗某文的合法来源抗辩因无相应事实依据而不成立，应承担相应的侵权责任。

重庆市渝北区人民法院根据《中华人民共和国侵权责任法》[①] 第十五条第一款第一项、第六项、第二款，《中华人民共和国专利法》[②] 第十一条第一款、第五十九条第一款、第六十五条、第七十条，《最高人民法院关于审理侵犯专利权纠纷案件应用法律若干问题的解释》第七条，《最高人民法院关于审理侵犯专利权纠纷案件应用法律若干问题的解释（二）》[③] 第二十五条，《中华人民共和国民事诉讼法》第一百四十二条之规定，作出如下判决：

一、罗某文立即停止销售侵犯源德盛公司实用新型专利权的商品的行为，并销毁库存侵权商品；

---

① 《中华人民共和国民法典》于2021年1月1日起实施，《中华人民共和国婚姻法》《中华人民共和国继承法》《中华人民共和国民法通则》《中华人民共和国收养法》《中华人民共和国担保法》《中华人民共和国合同法》《中华人民共和国物权法》《中华人民共和国侵权责任法》《中华人民共和国民法总则》同时废止。最高人民法院对相关司法解释也进行了废止或修改。本书收录的案例均裁判于《中华人民共和国民法典》生效前，适用的是当时有效的法律法规及司法解释，下文将不再对此进行提示。

② 此指2008年修正的《中华人民共和国专利法》，其已于2020年修正，本书收录的案例均裁判于2020修正的《中华人民共和国专利法》生效前，适用的是当时有效的法律法规及司法解释，下文将不再对此进行提示。

③ 此指2016年通过的《最高人民法院关于审理侵犯专利权纠纷案件应用法律若干问题的解释（二）》，其已于2020年修改，本书收录的案例均裁判于其修改生效前，适用的是当时有效的法律法规及司法解释，下文将不再对此进行提示。

二、罗某文赔偿源德盛公司经济损失10000元；

三、驳回源德盛公司的其他诉讼请求。

罗某文不服一审判决，提起上诉。重庆市第一中级人民法院经审理认为：根据罗某文提供的送货单及支付宝转账电子回单显示，转款记录与出示的送货单在交易时间、交易当事人、交易标的额等方面均保持一致，符合一般交易习惯。据罗某文提供的照片显示，“靓宇通信”店铺的地址与屏有通讯器材经营部工商执照上记载的经营地址一致。结合送货单和工商登记信息，该店铺虽名为“靓宇通信”，实则由“屏有通讯器材经营部”经营。前述送货单上抬头虽为“靓宇通信”，但实际上是由屏有通讯器材经营部发货。罗某文二审期间举示的新证据形成完整的证据锁链，可以认定达到了高度盖然性的证明程度，法院认定上诉人销售的涉案自拍杆来源于屏有通讯器材经营部。罗某文提出的被控侵权产品具有合法来源的主张，法院予以支持。

罗某文销售了侵权产品，其理应停止销售上述商品，并销毁库存商品。由于其销售的侵权产品具有合法来源，故依法不应承担相应的侵权赔偿责任，但应分担源德盛公司为本案所支出的相应合理费用。

重庆市第一中级人民法院依照《中华人民共和国侵权责任法》第十五条第一款第一项、第六项、第二款，《中华人民共和国专利法》第十一条第一款、第六十五条、第七十条，《最高人民法院关于审理侵犯专利权纠纷案件应用法律若干问题的解释（二）》第二十五条，《中华人民共和国民事诉讼法》第一百七十条第一款第二项之规定，作出如下判决：

一、维持重庆市渝北区人民法院（2018）渝0112民初26144号民事判决的第一、三项；

二、撤销重庆市渝北区人民法院（2018）渝0112民初26144号民事判决的第二项；

三、上诉人罗某文于判决生效之日起五日内补偿被上诉人源德盛塑胶电子（深圳）有限公司合理费用1000元。

【法官后语】

我国专利法第七十条之规定明确了合法来源抗辩成立的两个条件：一是主观上

没有侵权的故意，即行为人不知道且不应当知道是未经专利权人许可而制造销售的专利侵权产品；二是客观上能证明该产品具有合法来源，及行为人能够举证证明被控侵权产品系从合法的销售渠道等正常商业方式取得，同时，行为人应当提供符合交易习惯的相关证据。

专利合法来源抗辩的立法目的之一在于：维护商品正常的市场流通，避免因专利侵权纠纷而影响市场正常经营，基于此平衡善意行为人合法权益与权利人合法权益间的关系。并且由于立法选择由销售者提供被控侵权产品的合法来源以免除赔偿责任，有利于权利人通过对销售者的诉讼，发现生产侵权产品的源头，以助于案件事实的查明。基于此种法律渊源及立法目的，对销售者的合法来源抗辩证明标准不宜过于严格，有人主张因专利有关材料对包括销售者在内的公众而言是触手可及的，销售者应据此对其销售的产品承担审查的义务，但过于严格的标准忽略了主体承担义务时的民事责任能力，也可能忽略了最基本的市场要素——产品销售的多样性。对不同销售主体、不同销售产品课以相同证明标准实质上否定了合法来源的制度价值。因此，有必要切合实际讨论合法来源抗辩中“尊重交易习惯”的具体适用。

对于侵权产品享有合法来源这一积极事实，通过专利法第七十条的规定，被分配给由主张该事实的被控侵权销售者承担，以证明侵权产品是经合法的商业渠道获得。实践中，对此并无争议，主要的争议点集中在：合法商业渠道的认定标准，包括合法来源成立的证据要求上。

针对专利合法来源抗辩客观审查标准过高的问题，本案中，二审法院认为专利侵权中合法来源的认定应尊重交易习惯，根据诉讼主体的民事责任能力在个案中就有关交易行为的一般交易习惯进行判断。基于民事诉讼的时效性、复杂性，其事实认定的标准与刑事诉讼排除一切合理怀疑的证明标准不尽相同。针对不同诉讼主体证据保存能力等方面的差异性，应当充分考虑其经营活动及交易习惯等实际情况，在一定情况下只需要达到高度盖然性的证明标准即可。即在个体工商户基于交易习惯无直接证据以证明合法来源的情况下，若其提交的间接证据可以形成完整的证据锁链，相互印证被控侵权产品系通过合法的销售渠道等正常商业方式取得，则行为人关于被控侵权产品的合法来源抗辩的客观条件成立。

综上，结合现行法律法规，考虑到相对于商标，专利侵权中一般销售者者对专利侵权的识别和审查能力较弱，在销售者对专利侵权主观上无过错的情况下，应对合法来源适用相对宽松的标准，但同时也能让权利人基于合法来源的明确指向追溯到上家，体现了知识产权保护宽严相济的司法政策。

编写人：重庆市第一中级人民法院　谭颖

4

权利要求书中的笔误应结合说明书、附图及本领域技术常识综合认定

——齐某勇诉邴某华侵害实用新型专利权案

【案件基本信息】

1. 裁判书字号

山东省高级人民法院（2019）鲁民终711号民事判决书

2. 案由：侵害实用新型专利权纠纷

3. 当事人

原告（被上诉人）：齐某勇

被告（上诉人）：邴某华

【基本案情】

原告齐某勇是专利号为“20172122××××.7”、名称为“新型果树开甲刀”实用新型专利的独占实施被许可人。原告在本案中主张涉案专利的保护范围为权利要求1、4，其内容为：1. 新型果树开甲刀，包括定握板和动握板，动握板通过设置在定握板上的连接板与定握板铰接，定握板与动握板之间安装有扭簧，定握板的前端设有夹板，其特征在于，在所述的定握板的前端两侧分别设有安装板，U型刀片两侧的第一纵板和第二纵板分别固定在两安装板上，两纵板的前端分别连接有斜刀片，两斜刀片的前端连接有横刀片……4. 如权利要求1或2所述的新型果树开甲

刀，其特征在于，在所述的动握板的上端有向外折曲的按板。齐某勇认为，被告郈某华制造、销售的环剥器的全部技术特征落入涉案专利权利要求1、4的保护范围，起诉要求郈某华停止侵权并赔偿损失。郈某华则主张，被控产品有一处技术特征与权利要求1不符，即被控产品是U形刀片与动握板具有连接关系，而根据涉案专利权利要求书的记载，是U形刀片与定握板具有连接关系，故被控产品没有完全落入权利要求1中的保护范围。原告则主张，其涉案专利权利要求1记载的“在所述的定握板的前端两侧分别设有安装板（9）”中的“定握板”系“动握板”的笔误，应按修正后的表述予以认定。审理过程中，被告郈某华为证明权利要求书中的“定握板”并非笔误，按照涉案专利权要求书的字面表述制作了一件果树开甲刀产品并进行了演示。该产品也能够实现为果树开甲的功能，但不够美观，使用效果也较差。

【案件焦点】

对于当事人主张的专利权利要求书中的笔误应如何认定。

【法院裁判要旨】

山东省济南市中级人民法院经审理认为：涉案专利附图清晰地显示，安装板（9）安装在动握板（12）的前端。根据权利要求书和说明书记载，安装板的作用是用来安装固定U型刀片，在该处技术特征之前已限定“定握板的前端设有夹板（4）”。根据涉案专利说明书记载，使用时按压定握板和动握板，使树干卡在两刀片与夹板之间，然后手握本实用新型绕树干转动，实现对树皮的横向环剥。该处记载明确说明，刀片与夹板是相对设置在动握板、定握板上，工作时树干放置在刀片与夹板之间，因为夹板在定握板前端、刀片安装到安装板，因此安装板只能设置在动握板上。据此，涉案专利权利要求1中“定握板的前端两侧分别设有安装板”的“定握板”系“动握板”的明显笔误，应当进行修正。根据修正后的涉案专利权利要求，被告产品的全部技术特征落入涉案专利权的保护范围。

山东省济南市中级人民法院依照《中华人民共和国专利法》第十一条第一款、第五十九条第一款、第六十五条，《最高人民法院关于审理侵犯专利权纠纷案件应用法律若干问题的解释》第二条，《最高人民法院关于审理侵犯专利权纠纷案件应用法律若干问题的解释（二）》第四条，作出如下判决：

一、被告邴某华立即停止制造、销售侵犯原告齐某勇名称为“新型果树开甲刀”实用新型专利权的产品的行为；

二、被告邴某华于本判决生效之日起十日内赔偿原告齐某勇经济损失包括维权费用共计3万元。

邴某华不服，提出上诉。山东省高级人民法院经审理认为：从涉案产品设计常理来看，定握板的前端已经设有夹板，而为了更好地贴合树枝实现夹持，夹板一般都会带有一定弧度，而在弧形夹板上再设置安装板（9），如邴某华在本案中自行制作的产品实物，虽然也可以实现果树开甲的功能，但不符合产品工学、美学及适于实用的要求，不合理地增加了产品的制造难度，且影响产品的功能和技术效果，该技术方案并非涉案专利权保护的技术方案。一审法院认定涉案专利权利要求1中相关记载为笔误，并以修正后的含义进行解释并确定涉案专利权保护范围，并无不当。

山东省高级人民法院依照《中华人民共和国民事诉讼法》第一百七十条第一款第一项规定，作出如下判决：

驳回上诉，维持原判。

【法官后语】

本案涉及对于专利权利要求书中出现的“笔误”如何认定的问题，具有较强的典型性。

专利审查指南第四部分第三章规定，对权利要求书的修改仅限于权利要求的删除、合并和技术方案的删除，不允许对权利要求书的文字进行修改。对权利要求书中的笔误救济方式，只能在专利侵权诉讼或在专利无效宣告程序中，交由法官或者审查员对权利要求进行解释，以达到对专利权利保护范围的正确界定。在专利侵权诉讼中，对于权利要求中的相关表述是否为笔误的认定及处理，是非常考验法官的专利审判业务水平及司法智慧的问题。

2016年通过的《最高人民法院关于审理侵犯专利权纠纷案件应用法律若干问题的解释（二）》第四条规定：“权利要求书、说明书及附图中的语法、文字、标点、图形、符号等存有歧义，但本领域普通技术人员通过阅读权利要求书、说明书及附图可以得出唯一理解的，人民法院应当根据该唯一理解予以认定”。根据上述规定，认定专利权利要求书中的相关表述是否为笔误以及是否需要修正，必须以能否得出“唯一理解”为依据，而并非所有的笔误均要修正。这是因为，确定专利保护范围，必须坚持以权利要求的内容为准的基本原则，强化权利要求的公示作用，增强专利权保护范围的确定性，为社会公众提供明确的法律预期，同时也有利于促使专利文件撰写水平的提高。还要坚持利益平衡原则，厘清专利权与其他民事权利的法律边界，既保护权利人的正当权益，鼓励发明创造，又避免专利权不适当地扩张，防止压缩再创新空间和损害公共利益、他人合法权益。依据上述指引，如果权利要求书与说明书及附图发生了冲突，并且能够得出两种以上理解的情况，一般应当坚持权利要求书优先的原则，以权利要求书的记载确定专利保护的技术方案，但是这种理解必须是站在本领域技术人员的角度，符合本领域技术常识的理解。如果本领域技术人员通过阅读权利要求书、说明书及附图，并结合本领域技术常识，只能得出一种结论的，应当以该种理解认定专利保护范围。

本案中，权利要求书中的表述与说明书及附图的描述不一致，在此情况下应当以权利要求书的书面记载为准还是以说明书、附图为准，存在两种意见。一种意见认为，虽然权利要求书有“定握板的前端两侧分别设有安装板”的表述，但附图清晰显示安装板系安装在动握板的前端，而说明书关于使用方式的说明内容也能够确定，刀片与夹板是相对设置的，在夹板设置在定握板的前提下，刀片以及安装刀片的安装板必然设置在动握板上。本领域普通技术人员通过阅读说明书及附图，能够判断出权利要求书中的相关表述系笔误，应当以修正后的含义确定专利保护范围。另一种意见认为，尽管权利要求的表述与附图明显不符，与说明书的相关内容也不一致，但是根据权利要求也能够实现发明的目的，当两者发生冲突时，应当以权利要求的表述优先。至于说明书记载的与权利要求不一致的技术方案，可以适用“捐献原则”，视为对社会的捐献。法院最终采纳了第一种意见的理由在于，本案涉及领域为机械制造，按照权利要求书的字面含义虽然能够制作出产品，但结构不符合基本的机械原理，导致在使用时效果明显变差，外观也不符合大众审美标准，且与附图明显不一致，本领域普通技术人员均不会选择此种技术方案，而是会根据本领域的技术常识确定相关表述系笔误并作出修正，并以修正后的表述确定专利技术方案。

编写人：山东省济南市中级人民法院　颜峰

5

《外观设计专利权评价报告》在专利侵权案件中的法律属性

——久久粮油公司诉创新米业公司、梅梅经营部侵害外观设计专利权案

【案件基本信息】

1. 裁判书字号

重庆市第一中级人民法院（2019）渝 01 民终 1017 号民事判决书

2. 案由：侵害外观设计专利权纠纷

3. 当事人

原告（被上诉人）：久久粮油公司

被告（上诉人）：创新米业公司、梅梅经营部

【基本案情】

久久粮油公司于 2013 年 7 月 8 日向国家知识产权局申请名称为“包装袋（仙桃香米）”的外观设计专利，于 2013 年 12 月 18 日获得授权。2018 年 8 月 17 日，久久粮油公司代理人与公证员来到位于重庆市江北区观农贸粮油批发市场 ×× 号门市处购买了“仙桃香米”（怀庆牌）大米一袋（生产商：创新米业公司），当场取得《梅梅经营部食品进货清单》一张。创新米业公司于 2017 年 7 月 13 日向国家知识产权局申请名称为“包装袋（仙桃香米）”的外观设计专利，于 2018 年 2 月 27 日获得授权。该外观设计产品为包装袋（仙桃香米），主要用于盛装大米。

2019 年 1 月 11 日，国家知识产权局就创新米业公司取得的上述外观设计专利权出具了一份《外观设计专利权评价报告》。该报告显示，就上诉人创新米业公司经授权取得的前述专利，在前述专利产品相同和相近种类中，国家知识产权局经过

检索得到反映前述外观设计专利部分设计特征或者有关的现有设计文件若干。经比对，国家知识产权局认为，前述专利与检索对比设计之间的差异十分明显，与现有设计之间亦具有显著差异，前述专利符合专利法第二十三条第一款、第二款规定，未发现存在不符合授予专利权条件的缺陷。该报告显示，就创新米业公司经授权取得的前述专利，在前述专利产品相同和相近种类中，国家知识产权局经过检索得到反映前述外观设计专利部分设计特征或者有关的现有设计文件若干。经比对，国家知识产权局认为，前述专利与检索对比设计之间的差异十分明显，与现有设计之间亦具有显著差异，前述专利符合专利法第二十三条第一款、第二款规定，未发现存在不符合授予专利权条件的缺陷。该报告所附检索对比设计共10个，其中包括久久粮油公司（即本案被上诉人）经授权取得的涉案外观设计专利。另，前述对比设计中至少有三个对比设计的申请日均在涉案外观设计专利权之前，且均包含以下设计要素：（1）仙桃图案，即双桃加树枝和树叶；（2）“仙桃香米”文字；（3）基底色为红色；（4）整体排列布局上，仙桃图案位于中部，其上为“仙桃香米”文字，其下为生产者或相关经营者信息，包装袋右上角为QS标识。创新米业公司及梅梅经营部认为，久久粮油公司没有依法提交其《外观设计专利权评价报告》，不能证明其专利权处于合法有效的法律状态。且《外观设计专利权评价报告》已认定被诉侵权设计与涉案外观设计不相同亦不近似，故被诉侵权设计未落入权利人外观设计专利保护范围。

【案件焦点】

1.《外观设计专利权评价报告》是否系判定专利权效力的直接依据；2.《外观设计专利权评价报告》的对比结果能否直接作为判定被诉侵权设计是否落入权利人外观设计专利保护范围的依据。

【法院裁判要旨】

重庆市渝北区人民法院经审理认为：久久粮油公司向国家知识产权局申请了涉案外观设计专利并获得授权，享有涉案外观设计专利权。涉案外观设计专利权在法定保护期限内且按照规定缴纳年费。一审法院认为久久粮油公司对涉案外观设计专利享有专利权。根据比对，涉案产品的外观设计与久久粮油公司外观设计专利证书中主视图在图案、色彩及其结合方面均基本相同。二者从整体视觉效果上并无实质差异，构成近似。被控产品获得外观设计专利在后，故其获得专利权不能成为不侵权的抗辩事由。

重庆市渝北区人民法院依照《中华人民共和国侵权责任法》第十五条，《中华人民共和国专利法》第十一条、第五十九条、第六十五条，《最高人民法院关于审理侵犯专利权纠纷案件应用法律若干问题的解释》第八条、第十一条，《最高人民法院关于审理侵犯专利权纠纷案件应用法律若干问题的解释（二）》第二十三条，《中华人民共和国民事诉讼法》第一百四十二条规定，作出如下判决：

一、创新米业公司立即停止生产、销售侵害久久粮油公司外观设计专利权的产品；

二、创新米业公司赔偿久久粮油公司经济损失30000元，梅梅经营部赔偿久久粮油公司经济损失10000元；

三、驳回久久粮油公司的其他诉讼请求。

创新米业公司、梅梅经营部不服一审判决，提起上诉。重庆市第一中级人民法院经审理认为：《外观设计专利权评价报告》只是外观设计专利权稳定性的初步证据，而非关于外观设计专利权效力性的法律文件，当事人不能以该评价报告作为判定专利权效力的直接依据。法律并未强制要求专利权人在专利侵权案件中必须出具专利权评价报告。久久粮油公司为证明涉案外观设计专利权合法有效的事实，已向一审法院举示了相关证据。综合全案证据，涉案外观设计专利权目前仍合法有效。创新米业公司经授权取得的外观设计专利权在后，故其不能以在后取得的专利权作为不侵权的抗辩事由。根据创新米业公司在二审中提交的《外观设计专利权评价报告》所附对比设计可知，至少有三个对比设计的申请日均在涉案外观设计专利权之前，前述对比设计的相关设计元素属于现有设计，若涉案外观设计专利使用了在先设计元素，那么应将相关在先设计元素排除在涉案外观设计专利权的保护范围之外。经比对，被诉侵权设计与涉案外观设计专利在包装袋左上角、包装袋两侧等部位均存在差异，上述差别足以对产品外观设计的整体视觉效果产生显著影响。一般消费者施以一般注意力整体观察、综合判断，两者在整体视觉效果上既不相同也不相似，被诉侵权设计的前述设计要点未落入涉案外观设计专利权的保护范围。久久粮油公司基于被控侵权产品落入涉案外观设计专利的保护范围这一主张而提出的本案全部诉讼请求均不能成立，应予以驳回。

重庆市第一中级人民法院依照《最高人民法院关于审理侵犯专利权纠纷应用法律若干问题的解释》第十一条，《最高人民法院关于审理侵犯专利权纠纷案件应用法律若干问题的解释（二）》第十四条以及《中华人民共和国民事诉讼法》第一百七十条第一款第二项规定，作出如下判决：

一、撤销重庆市渝北区人民法院（2018）渝0112民初22255号民事判决；

二、驳回久久粮油公司的全部诉讼请求。

【法官后语】

实践中，关于《外观设计专利权评价报告》的法律属性问题存有不少误解。本案争议焦点即《外观设计专利权评价报告》是否系判定专利权效力的直接依据，其对比结果能否直接作为判定被诉侵权设计是否落入权利人外观设计专利保护范围的依据。解决本案争议，关键是厘清《外观设计专利权评价报告》在专利侵权纠纷中的法律属性及其作用问题。

首先，从关于专利权效力及关于《外观设计专利权评价报告》的立法规定来看，经授权取得的外观设计专利权，在其有效期限内未出现《中华人民共和国专利法》第四十四条规定的情形，且未经无效宣告程序确认无效的，应认定为有效。《外观设计专利权评价报告》只是外观设计专利权稳定性的初步证据，属于法院审理、处理专利侵权纠纷的证据之一，而非关于外观设计专利权效力性的法律文件，当事人不能以该评价报告作为判定专利权效力的直接依据。外观设计专利权效力的判定应以无效宣告程序中的最终确认结果为依据。

其次，如前所述，《外观设计专利权评价报告》只是外观设计专利权稳定性的初步证据，属于法院审理、处理专利侵权纠纷的证据之一，而非唯一证据，对于被诉侵权设计是否构成侵权，法院仍应根据专利法相关规定审查判定。即根据《最高人民法院关于审理侵犯专利权纠纷案件应用法律若干问题的解释》第九条、第十条、第十一条规定的比对规则，考虑到授权外观设计区别于现有设计的设计特征相对于授权外观设计的其他设计特征，被诉侵权设计与授权外观设计在整体视觉效果上无差异或无实质性差异的，应判定被诉侵权设计落入权利人外观设计专利保护范围。反之，则未落入权利人外观设计专利保护范围。

最后，根据《最高人民法院关于审理侵犯专利权纠纷案件应用法律若干问题的解释》第十四条规定，被诉侵权设计与一个现有设计相同或无实质性差异的，人民法院应当认定被诉侵权人实施的设计属于专利法第六十二条规定的现有设计。《中华人民共和国专利法》第六十二条规定，在专利侵权纠纷中，被控侵权人有证据证明其实施的技术或者设计属于现有技术或者现有设计的，不构成侵犯专利权。由此可知，在确定外观设计专利权保护范围时，应将现有设计排除在外。

具体到本案，根据创新米业公司在二审中提交的《外观设计专利权评价报告》所附对比设计可知，至少有三个对比设计的申请日均在涉案外观设计专利权之前，也就是说前述对比设计的相关设计元素属于现有设计，若涉案外观设计专利使用了在先设计元素，那么应将相关在先设计元素排除在涉案外观设计专利权的保护范围之外。涉案外观设计专利区别于现有设计的设计特征才是其具有创新点的设计特征，才属于法律赋予的保护范围。

综上所述，在专利侵权纠纷中，《外观设计专利权评价报告》除对法院中止诉讼程序有一定影响外，其还对现有设计判定具有一定影响，当事人应充分了解《外观设计专利权评价报告》的法律属性及其作用，更好的以外观设计专利权评价报告制度保护自己的合法权益。

编写人：重庆市第一中级人民法院　姜蓓

6

“设计缺陷”的认定应以设计合同约定为依据

——科林能源公司诉航天石化公司技术服务合同案

【案件基本信息】

1. 裁判书字号

北京知识产权法院（2019）京 73 民终 2886 号民事判决书

2. 案由：技术服务合同纠纷

3. 当事人

原告（被上诉人）：科林能源公司

被告（上诉人）：航天石化公司

【基本案情】

2014年1月18日，航天石化公司（甲方、委托人）与科林能源公司（乙方、受托人）签订涉案合同，约定，项目名称为云南安一项目草甘膦母液焚烧系统的基础设计；有效期限为2014年1月18日至2016年12月31日；设计主要任务为负责HLS60/700/1100－FY型焚烧炉及系统的方案设计，焚烧系统包含一次焚烧室、横梁式链条炉排及基础条件、横梁式链条炉排与一次焚烧室之间的隧道窑（恒温室）、旋风分离器、返料器、二次燃烧焚烧室、焚烧系统的连接烟道设计及辅机选型设备等组成；焚烧的母液条件；辅助燃料；草甘膦废液和废液干品焚烧原则；焚烧系统设计技术要求；焚烧系统的设计负荷范围和连续运行时间；设计中采用的标准规范；履行地点；验收方式；保证期的期间及义务；受托人负责提供焚烧系统的全套技术方案资料，配套辅机设备的选型与设计包含横梁式链条炉排及电机，系统中电气及控制系统设计、燃烧器、钢架、平台扶梯、基础的施工设计以及焚烧炉各部件的详细施工设计由委托人自行完成或再委托实施；对委托方自己或另行委托其他单位进行的电气及控制系统设计、燃烧器、钢架、平台扶梯、基础的施工设计以及焚烧炉各部件的详细施工设计进行审核；本合同总计报酬45万元；等等。

2014年3月31日，科林能源公司通过电子邮件向航天石化公司发送设计文件。2014年4月4日，科林能源公司为航天石化公司开具金额为45万元的设计费发票。2014年5月20日，航天石化公司（定作人）与科林能源公司（承揽人）签订《北京市加工合同》，约定承揽人按照定作人提供的图纸和技术协议书约定的要求，包工包料加工焚烧炉。2014年10月15日，科林能源公司的关联公司将按照涉案设计制作完成的合格的焚烧炉交付现场。云南安一公司及航天石化公司在专业工程中间交接验收记录中明确记载：符合图纸技术要求、资料齐全有效、验收结论合格。

2015年2月23日、2015年3月18日、2015年4月15日、2015年5月5日，云南安一公司分别给航天石化公司发函，说明航天石化公司承揽的定向转化总包工程经过多次投料试产，因各种原因一直不能正常运行，未能达标达产。航天石化公司提交2017年11月15日北京热物理与能源工程学会对云南安一焚烧系统和余热锅炉作出的设计鉴定书，“鉴定意见”包括焚烧系统设计存在缺陷、余热锅炉设计不合理等问题。科林能源公司提供的2018年4月11日和2018年4月16日的云南安一公司交接班记录打印件未显示设备运行异常。

科林能源公司提起本案诉讼，要求航天石化公司支付剩余设计费31.5万元。航天石化公司认为科林能源公司的涉案设计存在缺陷，故不同意支付剩余设计费，并提起反诉，要求科林能源公司退还其已经支付的设计费13.5万元。

【案件焦点】

如何确定设计存在缺陷且由科林能源公司导致。

【法院裁判要旨】

北京市丰台区人民法院经审理认为：航天石化公司主张实际安装运行的草甘膦母液焚烧系统废液处理量不达标、积灰严重、运行周期短暂，故涉案设计存在缺陷。但是，航天石化公司并未提交充分证据证明其及时向科林能源公司反映过这些问题并要求整改，且焚烧系统设备点火试运行距今已有四年多的时间，航天石化公司认可设备一直在运行，科林能源公司提供的中控室交接班记录未显示焚烧炉运行异常或检修、维修情况。所以，不能证明废液处理量不达标、积灰严重、运行周期短暂的问题一直存在，且系涉案设计缺陷导致。航天石化公司并未举证证明科林能源公司的涉案设计违反了涉案合同中约定的焚烧系统设计的技术要求和标准规范；涉案合同的焚烧系统设计技术要求中对于焚烧炉中的焚烧室的组成部件、运行温度、位置排列、设计原理都进行了明确的规定，所以焚烧炉的整体设计并非全由科林能源公司自主决定并完成；焚烧炉应属众多系统中的单个环节和单项设备，废液处理量、运行周期与母液缓冲罐中的母液量、喷枪的位置、数量和喷量、辅助燃料等因素均有一定的关系，科林能源公司负责焚烧系统的基础设计，而非全部设计，相应的设备和材料也并非全部由科林能源公司提供；航天石化公司在收到科林能源公司提交的设计后又委托其进行加工制造，并且在专业工程中间交接验收记录中记载验收合格。所以，无法证明系科林能源公司的涉案设计存在缺陷并导致废液处理量不达标、积灰严重、运行周期短暂。科林能源公司已经按照涉案合同约定履行了其设计义务，故其要求航天石化公司支付第二笔合同款和第三笔合同款共计31.5万元的诉讼请求，于法有据；航天石化公司要求科林能源公司返还13.5万元设计费的诉讼请求，于法无据。

北京市丰台区人民法院依照《中华人民共和国合同法》第六十条、第一百零九条，《最高人民法院关于适用〈中华人民共和国民事诉讼法〉的解释》第九十条、第九十三条第一款第六项规定，判决如下：

一、本判决生效之日起十日内，被告（反诉原告）航天石化公司给付原告（反诉被告）科林能源公司设计费 315000 元；

二、驳回被告（反诉原告）航天石化公司的反诉请求。

一审宣判后，航天石化公司不服提出上诉。北京知识产权法院经审理认为：依法成立的合同，双方当事人均应当按照合同约定履行。根据合同约定，双方在合同中明确了服务内容、方式和要求等内容，并明确了验收标准。云南安一公司及航天石化公司在专业工程中间交接验收记录中明确记载：符合图纸技术要求、资料齐全有效、验收结论合格。航天石化公司认为该设计存在重大缺陷，主张根据其提交的会议纪要、业主函和设备运行照片能够佐证，并分析其中重要原因系设计不合格，设计对钠盐考虑不足，设计存在缺陷。对此，法院认为，在合同中已经明确约定了设计中采用的标准规范及相关参数，科林能源公司按照该协议履行了相应的义务，设计的实物符合合同约定，并且已经投产，因合同设计参数系双方约定，科林能源公司不可能擅自改变设计原有的约定条款，故双方合意形成的设计制约了设计参数空间，根据该设计形成的成果也经过云南安一公司及航天石化公司验收通过。至于航天石化公司声称对钠盐考虑不足，导致管道堵塞，设备不能正常运转等行为，系一系列工程规范的参数及施工等问题当中的一个环节，其中任何一个环节出现问题均可能导致出现堵塞，但这种堵塞无论出现原因如何，均与本案双方形成合意的设计无关联。航天石化公司提交的上述证据，不足以证明其主张。

北京知识产权法院依照《中华人民共和国民事诉讼法》第一百七十条第一款第一项规定，判决如下：

驳回上诉，维持原判。

【法官后语】

合同纠纷中，合同条款为双方合意形成，双方须严格按照合同约定履行各自的义务。技术服务合同中，受托人应按照合同约定完成服务项目，以其技术知识为另一方解决特定技术问题，保证工作质量，但是其技术知识的运用不能脱离合同约定的范围。涉案合同对于设计中要采用的标准规范和相关参数进行了明确约定，科林能源公司的义务就是完成符合相关标准规范和参数的设计。科林能源公司提供了设计文件，并依照该设计制作了相关设备，安装于使用现场，其设计义务已经履行完毕。

航天石化公司主张涉案设计存在缺陷，对钠盐结垢性考虑不足，导致草甘膦母液焚烧系统管道堵塞、停车频繁、不能达到预定的处理量，但却始终未说明科林能源公司向其提供的涉案设计，具体不符合合同约定的哪些条款。在合同中对设计的标准规范和相关参数有明确约定的情况下，科林能源公司不能擅自改变原有的约定条款，故双方合意形成的设计制约设计参数空间。另外，现场安装的是草甘膦母液焚烧系统，包括对废液处理和再利用的整套系统，涉案设计只是涉及焚烧部分的焚烧炉及相关系统，其余部分，如电气及控制系统设计、燃烧器等，系航天石化公司或其另行委托其他单位设计。所以，即使涉案草甘膦母液焚烧系统存在管道堵塞、处理量不足等问题，是一系列工程规范的参数及施工等问题当中的一个环节，不能直接归咎于涉案设计。

航天石化公司在一审中要求对现场安装的草甘膦母液焚烧系统进行鉴定。该母液焚烧系统是一个庞大的处理系统，涉案合同约定的设计只是该系统中焚烧炉的设计方案，鉴定检材超过合同约定的设计方案的内容，鉴定事项不能直接证明设计方案存在缺陷，且航天石化公司未明确涉案设计的具体缺陷以及不符合合同的哪些约定、涉案设计已经实际制作设备并安装运行且经业主方及航天石化公司验收通过，鉴定事项对待证事实也无意义。故一审法院未予准许鉴定申请。航天石化公司寻求在二审程序中继续鉴定，不符合法律规定，故二审法院亦驳回其鉴定申请。

本案的典型性在于对合同自治精神的严格贯彻落实。合同双方应该按照合同约定全面履行其义务。依据技术服务的成果制作的设备的运行状况是否正常，取决于多个因素，在受托人已经按照合同约定交付技术服务成果的情况下，委托人应对运行不正常与技术服务成果的因果关系承担举证责任，举证不能的，应承担不利后果。

编写人：北京市丰台区人民法院　闫金

7

专利确权案件中二审期间裁定准许撤回起诉条件之判断

——某星公司诉国家知识产权局发明专利无效宣告请求行政案

【案件基本信息】

1. 裁判书字号

北京市高级人民法院（2019）高行终 1498 号行政判决书

2. 案由：发明专利无效宣告请求行政纠纷

3. 当事人

原告（上诉人）：某星公司

原告（被上诉人）：某为公司

被告（被上诉人）：国家知识产权局

【基本案情】

某为公司在一审请求撤销原国家知识产权局专利复审委员会（以下简称专利复审委员会）于 2017 年 10 月 26 日作出的第 33697 号无效宣告请求审查决定（以下简称被诉决定），并责令重新作出决定。其理由为：（1）本专利权利要求 1－20 缺少必要技术特征。（2）本专利权利要求 1－20 得不到说明书支持。（3）本专利的优先权不能成立。本专利专利权利要求 1 记载了“为子帧中各自包含多个 SC－FDMA 码元的不同时隙产生不同的正交码”，但证据 10－1 至证据 10－3 中都没有明确记载权利要求中的特征“为不同时隙产生不同的正交码”，也没有记载针对不同时隙设置不同的正交码的特殊作用或特定效果。因此权利要求 1 的技术方案不能享有相应的优先权。（4）本专利不具备创造性。

国家知识产权局在一审请求驳回某为公司的诉讼请求。其理由为：对于本专利的优先权问题，证据 10－1 的附图 5 与本专利的附图 5 相同，且根据该证据说明书第75段的记载，本领域技术人员能够直接地毫无疑义地得到“为子帧中各自包含多个SC－FDMA码元的不同时隙产生不同的正交码”的特征。在证据10－2和证据10－3中也记载有与上述相同的内容。因此，某为公司提出的本专利不能享有在先申请优先权的主张不成立。其他问题均坚持被诉决定中的意见。

某星公司一审述称：同意被诉决定中的认定，请求法院依法驳回某为公司的诉讼请求。

北京知识产权法院经审理查明：本专利系专利号为20088000××××.1号，名称为“用于在移动通信系统中发送和接收随机化小区间干扰的控制信息的方法和装置”的发明专利（以下简称本专利），申请日为2008年1月7日，最早优先权日为2007年1月5日，授权公告日为2014年7月23日，专利权人为某星公司。

针对本专利，某为公司于2016年9月2日向专利复审委员会提出无效宣告请求。经审查，专利复审委员会作出被诉决定认定：本专利享有相应的优先权，某为公司的相关无效理由不能成立，决定维持本专利有效。

【案件焦点】

1. 在专利确权案件中，一审原告在二审期间请求撤回起诉是否应当裁定准许以及裁定准许的条件；2. 专利确权案件中优先权的认定。

【法院裁判要旨】

北京知识产权法院经审理认为：本专利权利要求1“为不同时隙产生不同的正交码”的技术特征并未被记载于在先申请文件中，故其不能享有相应的优先权。被诉决定对此认定有误，某为公司的该主张具有事实和法律依据。某为公司的其他主张不能成立。

北京知识产权法院于2018年10月26日作出（2018）京73行初1327号行政判决：一、撤销被诉决定；二、专利复审委员会就某为公司针对本专利所提出的无效宣告请求重新作出审查决定。

宣判后，某星公司向北京市高级人民法院提起上诉。二审审理期间，某为公司分别于2019年3月31日、2019年4月7日以其与某星公司已达成一致意见为由向法院书面提出了请求撤回本案一审起诉的申请。

北京市高级人民法院于20119年12月30日作出（2019）京行终1498号行政

判决，驳回上诉，维持原判。

法院生效裁判认为，本专利权利要求 1 限定“为不同时隙产生不同的正交码”技术特征的技术方案不能从某星公司主张的优先权文本中直接、毫无疑义的得出，一审判决认定本专利权利要求 1 不能享有相应的优先权，并无不当。某星公司的相关主张不能成立，即被诉决定关于本专利是否可享有优先权的认定有误。而本专利是否可以享有优先权显然会涉及用于评价本专利是否具备新颖性、创造性的现有技术的范围等事项，其实质上与本专利是否可以获得授权而相关。在此基础上，虽然某为公司提交了书面的撤回起诉的申请，但若裁定准许该撤回起诉的申请，将可能“损害国家利益、社会公共利益或者他人合法权益”，故本案中并不具备裁定准许某为公司撤回起诉申请的充分条件，对某为公司请求撤回起诉的申请不予支持。但鉴于已经就本专利是否享有优先权的问题进行了详细论述，并认定某星公司的上诉理由不能成立，故本案应判决驳回某星公司的诉讼请求。基于此，对某为公司撤回起诉的申请不再单独出具裁定书。

【法官后语】

根据《最高人民法院关于适用〈中华人民共和国民事诉讼法〉的解释》第三百三十八条的规定，当事人在二审期间申请撤回起诉的，至少应当满足以下要件：一是经其他当事人同意；二是不损害国家利益、社会公共利益、他人合法权益。

处分原则是允许当事人二审期间撤回起诉的理论基础。但无论是民事权利，抑或诉讼权利，均存在相应的权利边界。无边界的权利行使，将使得法律秩序本身难以维系。而权利边界的界定通常源于不同的利益衡量。上述第一个要件即在于平衡原告与其他当事人的利益。二审程序中不加限制地允许原告撤回起诉，不仅可能导致被告支出的诉讼成本无法得到补偿，同时可能使被告面临再次被起诉的风险，既损害了被告的程序利益，亦有违实体正义。而专利确权案件为行政案件，其具有法定的起诉期限。一般情况下，一审判决作出后，涉案被诉具体行政行为的法定起诉期限已届满，通常不会出现被再次起诉的风险，且专利确权案件的当事人相对固定。故此类案件中的“经其他当事人同意”更多应指向专利权人或无效宣告请求人的同意。本案中，根据查明的事实可以视为某为公司的撤回起诉行为已满足上述第一个要件的要求。

而上述第二个要件在于平衡当事人利益与其他利益的关系。作为一种垄断权，专利权必然涉及专利权人利益与社会公众利益的平衡问题。因此，在专利确权案件中，审查第二个要件尤为重要。首先，根据专利法第四十五条的规定，专利被授予后，任何人均可以请求宣告该专利权无效。但专利法实施细则第六十六条第二款亦规定了“一事不再理”的制度。因此，若涉案无效决定的结论为无效理由不能成立，并维持涉案专利权有效，而一审法院经审查认为该无效决定的相关认定有误，且该错误可能对该专利权的效力产生实质影响，那么在此种情况下，若准许当事人在二审期间撤回起诉，其必然的结果即为撤销一审判决而导致该无效决定生效，从而会实质剥夺其他人依据该相同理由和证据宣告该专利无效的权利。其次，若该“相同理由和证据”为是否应获得授权的实体理由，则会使本不应当获得授权的技术方案获得专利权的保护，而有悖于专利法的立法目的。

通常情况下，若涉案无效决定的结论为宣告涉案专利权全部无效的，只要满足“经其他当事人同意”的要件，即应当裁定准许当事人撤回起诉的申请；若涉案无效决定的结论为部分无效或者宣告涉案专利权有效的，除满足“经其他当事人同意”的要件外，亦应当重点审查一审判决有关涉案专利有效部分的认定是否存在相反的结论并实质影响该专利权的效力，以避免裁定准许当事人撤回起诉而有损其他利益。因此，在一审判决的相关认定对涉案专利权的效力存在实质影响时，不宜径行裁定准许当事人撤回起诉，而应当在实质审查一审判决该相关认定是否正确的基础上，再作出是否准许当事人撤回起诉的裁定。

本案中，一审判决的认定属于对本专利效力存在实质影响的认定。因此，应当在审查一审判决的相关认定是否正确的基础上，再行裁决是否应当准许某为公司撤回起诉的申请。

编写人：北京市高级人民法院　王东勇

二、商标民事纠纷

8

涉网商标权纠纷中管辖法院的确定

——中隧桥公司诉中交大建公司、某度公司侵害商标权案

【案件基本信息】

1. 裁判书字号

浙江省杭州市中级人民法院（2019）浙01民辖终657号民事裁定书

2. 案由：侵害商标权纠纷

3. 当事人

原告（被上诉人）：中隧桥公司

被告（上诉人）：中交大建公司、某度公司

【基本案情】

中隧桥公司经国家工商行政管理总局商标局核准取得“中隧桥”文字商标，并以此作为企业字号，经过多年对商标及品牌的宣传，已经在行业内积累了较高的知名度。后中隧桥公司发现中交大建公司通过某度公司搜索引擎中的竞价排名广告，擅自以“中隧桥”文字商标及企业字号作为关键字，在竞价排名广告的广告语中使用上述商标及企业字号，点击后直接进入中交大建公司网站，其认为上述行为足以误导消费者将中交大建公司与中隧桥公司产生联系，达到“搭便车”的目的，故以侵害商标权为由向法院提起诉讼。

在审理过程中，中交大建公司和某度公司均在提交答辩状期间提起管辖权异

议。中交大建公司认为根据《中华人民共和国民事诉讼法》第二十一条的规定，对法人或者其他组织提起的民事诉讼，由被告住所地人民法院管辖，中交大建公司住所地位于西安市雁塔区，故要求将案件移送至西安市雁塔区人民法院审理。某度公司认为按照“原告就被告”的管辖原则，应由某度公司所在地人民法院管辖，同时本案系发生在互联网环境下的侵权纠纷案件，中隧桥公司诉称的“侵害商标权”行为主要发生在某度公司运营的搜索引擎上，涉诉侵权行为的网络服务器所在地为北京市海淀区，某度公司的住所地及网络服务器均位于北京市海淀区，要求将本案移送至北京市海淀区人民法院审理。

【案件焦点】

管辖法院的确定。

【法院裁判要旨】

浙江省杭州市萧山区人民法院经审理认为：中隧桥公司所诉被告中交大建公司利用被告某度公司的搜索引擎的竞价排名广告，侵害中隧桥公司的商标专用权，实施不正当竞争行为，属于信息网络侵权纠纷。根据《中华人民共和国民事诉讼法》及相关司法解释的规定，因侵权行为提起的诉讼，由侵权行为地或者被告住所地人民法院管辖；侵权行为地包括侵权行为实施地、侵权结果发生地；信息网络侵权行为实施地包括实施被诉侵权行为的计算机等信息设备所在地，侵权结果发生地包括被侵权人住所地。被侵权人即中隧桥公司的住所地位于杭州市萧山区，中隧桥公司有权选择向侵权结果发生地人民法院起诉，故萧山区人民法院作为侵权结果发生地的人民法院，对本案有管辖权。

浙江省杭州市萧山区人民法院依照《中华人民共和国民事诉讼法》第二十八条、第一百二十七条，《最高人民法院关于适用〈中华人民共和国民事诉讼法〉的解释》第二十四条、第二十五条之规定，作出如下裁定：一、驳回被告中交大建公司对本案管辖权提出的异议；二、驳回被告某度公司对本案管辖权提出的异议。

一审裁定后，两被告均提起上诉。

浙江省杭州市中级人民法院经审理认为：根据中隧桥公司起诉的事实与理由，其主张因中交大建公司通过某度公司的搜索引擎的竞价排名广告，擅自使用中隧桥公司第9134253号、第9134346号“中隧桥”文字商标及企业字号作为关键字，在竞价排名广告的广告语中使用上述商标及企业字号，足以误导消费者将中交大建公司与中隧桥公司产生联系，达到“搭便车”的目的，故中隧桥公司认为中交大建公司的行为侵害其商标专用权且构成不正当竞争，某度公司与中交大建公司构成共同侵权。因被控侵权行为发生在信息网络环境中，故原裁定据此认定本案应当适用《最高人民法院关于适用〈中华人民共和国民事诉讼法〉的解释》第二十五条“信息网络侵权行为实施地包括实施被诉侵权行为的计算机等信息设备所在地，侵权结果发生地包括被侵权人住所地”的规定，并无不当。又根据《最高人民法院关于同意杭州市、宁波市、合肥市、福州市、济南市、青岛市中级人民法院内设专门审判机构并跨区域管辖部分知识产权案件的批复》第二条“同意指定杭州市中级人民法院管辖以下知识产权案件……2. 发生在杭州市、嘉兴市、湖州市、金华市、衢州市、丽水市辖区内，诉讼标的额为 800 万元以上的商标权、著作权、不正当竞争，技术合同纠纷的第一审知识产权民事案件……5. 不服杭州市辖区内基层人民法院审理的第一审知识产权民事、刑事、行政案件的上诉案件”以及《最高人民法院关于印发基层人民法院管辖第一审知识产权民事案件标准的通知》的规定，因中隧桥公司住所地位于浙江省杭州市萧山区，本案起诉标的额为 50 万元，故一审法院作为被侵权人住所地人民法院对本案依法享有管辖权。

浙江省杭州市中级人民法院依照《中华人民共和国民事诉讼法》第一百七十条第一款第一项、第一百七十一条之规定，作出如下裁定：驳回上诉，维持原裁定。

【法官后语】

本案系发生在互联网环境下的商标侵权行为，中隧桥公司起诉称中交大建公司通过某度公司搜索引擎中的竞价排名广告，擅自以“中隧桥”文字商标及企业字号作为关键字，在竞价排名广告的广告语中使用上述商标及企业字号，侵害其商标专用权，向萧山区人民法院提起诉讼。中交大建公司认为本案的侵权行为地和侵权结果地均不明确，故应按照最密切联系原则，由被告住所地人民法院管辖。某度公司则认为本案的侵权行为实施地、侵权结果发生地均为某度公司运营的搜索引擎上，故应由网络服务器、计算机终端设备等存放地人民法院管辖。

本案的争议焦点为：对于本案的管辖，能否适用《最高人民法院关于适用〈中华人民共和国民事诉讼法〉的解释》（以下简称民事诉讼法司法解释）第二十五条关于“信息网络侵权行为实施地包括实施被诉侵权行为的计算机等信息设备所在地，侵权结果发生地包括被侵权人住所地”的规定？

一种观点认为，侵害商标权纠纷可以适用民事诉讼法司法解释第二十五条规定的关于管辖的约定。根据《最高人民法院关于审理商标民事纠纷案件适用法律若干问题的解释》[①] 第六条第一款的规定，侵害商标权行为的结果发生地包括侵权商品的储藏地或者查封扣押地。但是像本案发生在互联网环境下的商标侵权行为，不存在所谓的侵害商标权的实物，那么也就不存在侵权商品的储藏地或者查封扣押地，那么应该怎样确定侵害商标权的侵权结果地呢？民事诉讼法司法解释第二十五条明确规定侵权结果地包括被侵权人住所地，那么就可以据此确定管辖法院。

另一种观点认为，不可以适用民事诉讼法司法解释第二十五条的规定。该条规定的立法初衷是便于当事人诉讼，当事人可在多个管辖连接点中挑选对自己有利的法院进行诉讼。本身互联网环境下的商标侵权行为，其侵权行为地难以确定，如果侵权结果发生地包括被侵权人住所地，原告在衡量诉讼成本后，为了方便自己的最大利益取得，就会选择适用该规定，那么基本上所有在互联网环境下发生的侵害商标权及不正当竞争纠纷均可以认定为信息网络中的侵权行为，并适用该规定，事实上也对传统的“原告就被告”原则产生了冲击，因此不应作扩大化处理。

对此，笔者认可第一种观点，互联网环境下发生的侵害商标权纠纷可以适用民事诉讼法司法解释第二十五条规定的关于管辖的约定，但也要结合具体案件情况进行分析，对如果仅通过网络销售侵权产品的纠纷，不宜适用该规定。具体分析如下：

（一）侵权行为主要依托网络进行时可适用

民事诉讼法司法解释第二十五条规定中的“信息网络侵权行为”具有特定的含义，主要指的是侵权人利用信息网络平台侵害他人人身权益以及财产权益的行为，信息网络侵权行为中被侵权的对象往往存在于网络环境中，如作品、人格权、宣传内容、商标权等，侵权行为实施主要依托于信息网络平台，通过上传、下载、

---

① 此处指2002年通过的《最高人民法院关于审理商标民事纠纷案件适用法律若干问题的解释》，其已于2020年12月29日修正，本书收录的案例均裁判于其修改生效前，适用的是当时有效的法律法规及司法解释，下文将不再对此进行提示。

链接等网络方式进行，侵权行为全部或绝大部分在信息网络平台上完成。

本案中，中交大建公司的侵权行为主要就是表现在利用了某度公司的搜索引擎中的竞价排名广告，在广告语中使用了原告所有的商标权及其企业字号，通过相应的链接可以直接链接到中交大建公司的网站，其侵权行为都是通过网络完成的，主要通过链接的方式进行，因此属于信息网络侵权行为，可以适用民事诉讼法司法解释第二十五条的规定。

（二）仅利用网络销售侵权产品不应适用

另一种涉及互联网的商标侵权行为，如利用网络销售、许诺销售侵害商标权产品的行为，就不适用于信息网络侵权行为关于管辖的规定。因为网络销售侵权产品的行为并非主要通过上传、下载、链接等网络方式实施，虽然利用网店进行销售产品，但是网络销售实际上是传统实体店销售行为在信息网络上的延伸，不属于信息网络侵权行为。因此，在确定管辖的原则上，信息网络侵权行为的范围，不应扩大到网络销售、许诺销售侵权产品的行为。

如果对于网络销售、许诺销售侵权产品的行为，原告住所地法院具有管辖权的话，当事人在挑选管辖法院时绝大部分都会就近就便利选择原告住所地法院，将对“原告就被告”的传统管辖原则产生冲击，且过分赋予当事人选择管辖法院的权利，可能产生滥用诉讼权利、人为制造管辖连接点等不良风气，既不利于被告参加诉讼，也不利于法院审理案件。因此，在涉及网络销售、许诺销售侵害商标权的产品案件中，不应适用民事诉讼法司法解释第二十五条的规定，应对侵权行为地进行限缩性解释，防止一方当事人“过分”挑选法院，并将挑选法院限制在可容忍的范围之内。

（三）有利于侵权行为地的确定

《中华人民共和国民事诉讼法》第二十八条规定：“因侵权行为提起的民事诉讼，由侵权行为地或者被告住所地人民法院管辖”。对“侵权行为地”，民事诉讼法司法解释第二十四条规定：“侵权行为地，包括侵权行为实施地、侵权结果发生地”。

互联网环境下发生的侵权行为，其侵权行为实施地难以确定，主要原因就是侵权行为发生在互联网环境中时，其发生地点难以与现实中的实际地点进行简单的对应。侵权人通过计算机终端设备等实施具体的侵权行为，但是具体的操作是通过数据流的形式在计算机设备、服务器上进行传播，并且一个侵权行为可能会涉及不同地点的服务器，其行为发生地难以确定。且互联网具有无边界性，科学技术不断地发展，当前更多企业无需像之前一样建立服务器，即可通过云计算供应商提供的云计算服务实现相应的功能；如果涉及的是原、被告所在地之外的第三地的人民法院，不利于案件的审理，也背离了最密切联系原则；或者根本难以确定侵权行为的实施地。

对于侵权结果发生地，基于互联网的不确定性，侵权后的信息可以在任何时间任何地点被发现，且早在1998年，《最高人民法院关于全国部分法院知识产权审判工作座谈会纪要》指出："侵权结果发生地应当理解为侵权行为直接产生的结果发生地，不能以原告受到损害就认为原告所在地就是侵权结果发生地"。

而在侵害商标权纠纷案件的管辖中，《最高人民法院关于审理商标民事纠纷案件适用法律若干问题的解释》第六条第一款规定，因侵犯注册商标专用权行为提起的民事诉讼，由侵权行为的实施地、侵权商品的储藏地或者查封扣押地、被告住所地人民法院管辖。如果对于发生在互联网环境下的商标侵权纠纷，就难以具体指向实际的地点，因不存在侵权商品的储藏地或者查封扣押地。

民事诉讼法司法解释第二十五条规定："信息网络侵权行为实施地包括实施被诉侵权行为的计算机等信息设备所在地，侵权结果发生地包括被侵权人住所地"。该条规定对侵权行为地作出了明确规定，即以计算机等信息设备所在地为侵权行为实施地，以被侵权人住所地作为侵权结果地，且并非以原告所在地作为管辖连接点，而是以被侵权人住所地作为连接点，不违反"原告就被告"的基本原则。

因此，在涉及互联网的商标侵权案件的管辖上，适用民事诉讼法司法解释第二十五条的规定，有利于侵权行为地的确定，以被侵权人所在地或者实施侵权行为的设备所在地作为连接点，均有利于案件事实的查明，也符合管辖中最密切联系的基本原则。但适用该规定一定要符合侵权行为依托网络发生的主要原则，而不能简单因为涉及互联网就适用，不能扩大化适用。

编写人：浙江省杭州市萧山区人民法院　王静

9

代理商代理国外品牌期间自行附加中文标识的权利归属

——杭州琴侣公司诉深圳西为公司、某东公司侵害商标权案

【案件基本信息】

1. 裁判书字号

北京知识产权法院（2017）京73民终1992号民事判决书

2. 案由：侵害商标权纠纷

3. 当事人

原告（上诉人）：杭州琴侣公司

被告（上诉人）：深圳西为公司

被告（被上诉人）：某东公司

【基本案情】

2005年3月至2014年11月，杭州琴侣公司是德国RECARO公司儿童安全座椅的中国总代理商。在代理期间，杭州琴侣公司在京东平台开设了“德国斯迪姆官方旗舰店”，销售儿童安全座椅，在网页中的产品描述为：斯迪姆STM汽车儿童安全座椅德国原装进口阳光超人带SOFIX3到12岁……2014年11月，杭州琴侣公司与RECARO公司解除了总代理关系。2014年11月24日，杭州琴侣公司申请注册“阳光超人”商标，2016年1月21日杭州琴侣公司取得了第15779283号“阳光超人”商标注册证，有效期至2026年1月20日。核定使用商品/服务项目第12类：儿童安全椅（运载工具用）……

在杭州琴侣公司与RECARO公司解除了总代理关系之后，深圳西为公司作为新的中国总代理，全权负责RECARO公司斯迪姆儿童安全座椅在中国地区的独家销售及服务。深圳西为公司在京东平台开设了“storchenmuhle旗舰店”。销售儿童安全座椅的网页页面中的产品描述为：“德国STM阳光超人原装进口汽车用儿童安

全座椅……”在商品宣传的网页图片、包装箱等处标有“阳光超人”。杭州琴侣公司主张深圳西为公司的行为侵害了其注册商标权，故诉至一审法院，要求停止侵权、赔偿损失。

【案件焦点】

国内代理商在代理国外品牌期间，在外文商标之上自行附加中文标识，中外文商标共同使用。在代理关系结束之时，国内一方将中文标识注册为商标，国外一方在国内继续销售时使用该中文标识是否构成侵害商标权？

【法院裁判要旨】

北京市海淀区人民法院经审理认为：杭州琴侣公司享有“阳光超人”注册商标专用权，依法应受到保护。现有证据无法认定深圳西为公司有权使用“阳光超人”标识。即使“阳光超人”的标识存在在先使用的问题，也是使用在RECARO公司的儿童安全座椅产品上，而涉案产品上并无任何中文标识，被告深圳西为公司作为代理公司并无“阳光超人”的在先使用权，故被告深圳西为公司应停止对“阳光超人”的使用。北京市海淀区人民法院依照《中华人民共和国商标法》第四十八条、第五十七条第一项、第二项、第三项、第五十九条第三款，《最高人民法院关于审理商标民事纠纷案件适用法律若干问题的解释》第十六条第二款、第十七条的相关规定，作出如下判决：一、深圳西为公司立即停止在儿童安全座椅的销售和宣传上使用“阳光超人”标识；二、某东公司立即断开深圳西为公司在京东商城开设的“storchenmuhle旗舰店”中带有“阳光超人”标识的销售链接；三、深圳西为公司于判决生效之日起十日内，赔偿杭州琴侣公司经济损失十万元；四、深圳西为公司于判决生效之日起十日内，赔偿杭州琴侣公司律师费一万元、公证费及购买涉案商品支出五千五百元；五、驳回杭州琴侣公司的其他诉讼请求。

杭州琴侣公司、深圳西为公司均不服一审判决，提出上诉。北京知识产权法院经审理认为：“阳光超人”标识经过多年使用，逐渐与其所标识的RECARO公司生产的儿童安全座椅产生稳定的对应关系，使得相关公众在看到“阳光超人”这一标识时，就会联想到RECARO公司生产的儿童安全座椅。“阳光超人”不仅起到区分产品来源的作用，还承载了特定的品质和声誉，形成了附载在该标识上的特有利益。在双方代理关系结束之时，“阳光超人”标识代表的声誉和品质，均源于RE-

CARO 公司的产品。“阳光超人”标识在获得核准注册之前，即已在长期使用过程中，与 RECARO 公司生产的儿童安全座椅相联系，并形成了一定的消费者认知。深圳西为公司使用“阳光超人”标识的方式系沿袭之前杭州琴侣公司在京东网络销售平台的使用方式，有权在原使用范围内继续使用，并不构成侵权。一审法院关于构成侵权的认定不当，二审法院予以纠正。依照《中华人民共和国商标法》第五十九条第三款、《中华人民共和国民事诉讼法》第一百四十四条、第一百七十条第一款第二项、第一百七十四条之规定，作出如下判决：

一、撤销北京市西城区人民法院（2017）京 0102 民初 1263 号民事判决；

二、驳回杭州琴侣公司的全部诉讼请求。

【法官后语】

国内代理商在代理国外品牌的产品期间，在该产品的国外品牌之上附加中文标识，但中文标识与外文标识并不具备翻译关系，且中文标识的名称本身系由国内代理商自行创造并已成功注册商标，对于中文标识的利益归属问题，分歧较大。对于上述问题，存在两种有代表性的观点：

第一种观点认为，国内代理商系中文标识的创造者，也是该标识的注册人，当然享有该标识的相关权利，国外一方只对外文商标享有权利，而对中文商标，国外一方既没有主观上的使用，也没有客观上的创设商标的行为，不应享有该标识的相关权利。在国内代理商注册该中文标识之后，若国外一方使用该中文标识，构成商标侵权。

第二种观点认为，外文商标和中文标识经过长期共同使用，中文标识起到了区分商品来源的作用，逐渐形成一定的消费者认知，该中文标识在相关公众中的认知指向外国产品，承载了国外一方的商誉，故在没有相反证据的情况下，该中文标识的标识利益属于国外一方。故代理关系结束后，国内代理商将该中文标识注册，并主张国外一方新的代理人继续使用该中文标识的行为属于侵权，不应当获得支持。

判断涉案中文标识利益的归属，应当从商标权的权利本质着手，着重分析其标识指示功能、标识价值指向，以及标识利益的形成。本案中，杭州琴侣公司代理 RECARO 公司的 storchenmuhle 品牌儿童安全座椅期间，基于认读、宣传便利等方面的考虑，将“阳光超人”中文标识与原有外文标识共同使用在上述产品的宣传、销售等环节，起到了标识商品来源的作用，属于商标性使用。

在标识指示功能的层面，“阳光超人”标识经过多年使用，已形成了一定的消费者认知，逐渐与其所标识的RECARO公司生产的儿童安全座椅产生稳定的对应关系，使得相关公众在看到“阳光超人”这一标识时，就会联想到RECARO公司生产的儿童安全座椅。由此可见，“阳光超人”所标识的产品来源指向RECARO公司，而非杭州琴侣公司。

在标识价值指向的层面，商标作为一种财产，其最核心的价值就在于其代表了特定的质量和信誉，进而影响消费者的选择，帮助商标权利人在激烈的市场竞争中取得更多的交易机会，获得更多利润。本案中，杭州琴侣公司在双方代理关系存续期间对商品的描述为：“斯迪姆STM汽车儿童安全座椅德国原装进口阳光超人带SOFIX3到12岁”，突出强调了产品系“德国制造”。“阳光超人”经过多年使用，相关公众在看到该标识时不仅会联想到产品，还会联想到该产品“德国制造”的良好品质，故“阳光超人”不仅起到区分产品来源的作用，还承载了特定的品质和声誉，形成了附载在该标识上的特有利益。很显然，在双方代理关系结束之时，“阳光超人”标识代表的声誉和品质，均源于RECARO公司的产品。

在标识利益形成的层面，消费者的认知是商标价值实现的桥梁，没有消费者和市场，商标就无法实现其价值。消费者的认可和评价在很大程度上决定了标识的商业价值。因此，判断某一标识经使用产生的原始利益归属，并非考察标识的称谓本身由谁创造，而是应当考察消费者将该标识与何种商品相联系，进而判断相应标识利益的归属。本案中，在双方代理关系存续期间，相关消费者对“阳光超人”的认知均是与RECARO公司及其产品相关联。故杭州琴侣公司作为RECARO公司的原代理商，即使其自行创设了“阳光超人”这个名称，并进行了商标注册，但并不当然地享有“阳光超人”标识的相关利益。这是因为，商标名称创造与商标权利归属并不能等同，阳光超人一词本身由谁创造的争议，属于作品意义上的权利诉求，而是否构成作品、是否享有作品上的权利，属于著作权法的调整对象，并不是商标侵权法律关系调整的内容。

而对于RECARO公司是否有主观使用意图的问题，由于中文标识“阳光超人”和外文标识长期使用，“阳光超人”已经客观上起到指示商品来源的效果，除非RECARO公司明确否认、拒绝“阳光超人”的指示效果，否则均应当承认“阳光超人”在相关公众中客观上指向 RECARO 公司的现实状态。

综上分析，第二种观点是正确的。

编写人：北京知识产权法院　张宁

10

颜色组合商标民事侵权的认定

——烙克赛克公司诉美商思科公司侵害商标权案

【案件基本信息】

1. 裁判书字号

北京知识产权法院（2019）京 73 民终 2736 号民事判决书

2. 案由：侵害商标权纠纷

3. 当事人

原告（被上诉人）：烙克赛克公司

被告（上诉人）：美商思科公司

【基本案情】

原告烙克赛克公司经核准，在第 17 类密封球、密封物、接头用密封物等商品上注册了第 1191××××号商标（以下简称涉案权利商标），注册有效期自 2015 年 8 月 28 日至 2025 年 8 月 27 日。涉案商标由蓝色（国际标准色卡色号：2925）和黑色（国际标准色卡色号：黑色）组成。涉案商标在实际使用中有一定的图形限制：蓝色和黑色以同心圆的形式使用在指定商品上，黑色圆圈位于中心位置，四周围绕蓝框。经过多年的使用和宣传，涉案权利商标在市场上获得了较高的知名度。

美商思科公司生产销售电力密封组件、通信密封组件等多个产品，其中电力密封组件内嵌一个密封模块，密封模块横截面呈现蓝色和黑色相间的图案，中心为黑色圆形，其外围排列有蓝色、黑色循环反复的同心圆（以下简称被控侵权标识），通信密封组件内嵌九个密封模块，每个密封模块横截面呈现的图案除大小不同外，与上述电力密封组件横截面图案相同。烙克赛克公司认为美商思科公司的上述行为侵犯了其注册商标专用权，故诉至法院，要求美商思科公司停止涉案侵权、赔礼道歉并赔偿经济损失。美商思科公司不同意原告的全部诉讼请求。

【案件焦点】

1. 涉案被控侵权图案与商品本身结合紧密，是否属于商标性使用；2. 如被控侵权图案与原告权利商标存在具体色号差异，能否认定为相同商标。

【法院裁判要旨】

北京市东城区人民法院经审理认为：本案中，烙克赛克公司在申请注册第1191××××号商标时，已在申请书中明确声明该商标为颜色组合商标，并在所提交的文字说明中明确了颜色使用的具体方式是：蓝色和黑色以同心圆的形式使用在指定商品上，黑色圆圈位于中心位置，四周围绕蓝框。烙克赛克公司作为涉案商标注册人，其享有的注册商标专用权应当得到法律保护。

本案中，被控侵权商品属于涉案商标核定使用的商品类别，系法律规定的相同商品。通常情况下，传统类型的商标往往贴附在商品之上，与商品本身存在物理上的独立性，而本案中的被控侵权标识正是通过被控侵权商品中的密封部件横切面呈现出来的，其同心圆的外观即来源于密封部件多层结构，其包含的蓝色、黑色就是多层结构本身的颜色，但是，商标法并未规定商标的使用必须以标识与商品本身可以物理分离为要件，只要能够起到指示商品来源的作用，即属于商标的使用。美商思科公司虽辩称被控侵权标识使用具有功能性，不构成商标性使用，但根据在案证据即双方陈述，仅是密封部件的同心圆多层结构具有功能，其使用的颜色并无任何功能性，被告提供的证据也显示同类产品可使用不同颜色组合，而颜色组合正是涉案权利商标的显著性所在和申请保护的对象，故法院对美商思科公司的该项答辩不予采纳。

根据烙克赛克公司提交的宣传图片及产品实物，将美商思科公司使用的被控侵权标识与涉案商标比较，被控侵权标识呈现的黑色在内、蓝黑相间的排列方式符合涉案商标的使用方式描述，烙克赛克公司虽未证明被控侵权标识中使用的蓝色与涉案商标的蓝色系为完全相同色号，但是整体视觉外观上并无明显不同，按照相关公众一般的注意程度，应当判定为相同商标。根据在案证据可见，烙克赛克公司相关商品销售时间及地域范围较广，涉案商标也有较为持续和广泛的使用，在相关公众中享有一定知名度，美商思科公司在相同商品上使用与涉案商标相同的商标，容易使相关公众误认为是对涉案商标的使用，亦妨碍了烙克赛克公司在相关公众中进一步强化涉案商标与其商品的对应关系。综上，美商思科公司在相同商品类别上使用与烙克赛克公司相同商标的行为侵害了烙克赛克公司对涉案商标享有的注册商标专用权，应当承担停止侵权、赔偿经济损失的法律责任。

综上所述，依照《中华人民共和国商标法》第八条、第九条、第四十八条、第五十七条第一项、第六十三条第一款、第三款，《中华人民共和国商标法实施条例》第十三条第四款之规定，判决如下：一、自本判决生效之日起，被告美商思科公司停止生产、销售涉案侵权商品；二、自本判决生效之日起十日内，被告美商思科公司赔偿原告烙克赛克公司经济损失 100000 元及合理支出 40000 元；三、驳回原告烙克赛克公司其他诉讼请求。

美商思科公司不服原审判决，提起上诉。二审法院同意一审法院裁判意见，经审理后判决：驳回上诉，维持原判。

【法官后语】

该案的典型意义在于，如何认定对颜色组合商标这种较为少见的商标类型的民事侵权。首先，需要根据商标法相关规定的精神和原理，结合颜色组合商标与商品功能模块紧密结合的特殊呈现方式，判断被控侵权商品的相应标识是否属于商标性使用。其次，在判断颜色组合商标与被诉侵权商标是否构成相同或近似时，应考虑其特殊性，以消费者的一般注意力为标准，重点从颜色组合商标的使用位置、排列组合方式、颜色色差、整体视觉效果等方面进行观察，如果使用在相同或类似商品上时，易使相关公众对商品或服务的来源产生混淆误认，则应判定属于商标相同或近似。

一、关于商标性使用的认定

商标的使用，是指将商标用于商品、商品包装或者容器以及商品交易文书上，或者将商标用于广告宣传、展览以及其他商业活动中，用于识别商品来源的行为。本案美商思科公司生产、销售的密封组件横截面呈现黑色在内、蓝黑相间的同心圆图案，且其通过主办的网站以及宣传材料对上述商品进行宣传。本案中被控侵权标识特殊之处在于，一是被控侵权产品中蓝、黑相间的图案系密封模块中可撕胶片横切面自身的颜色，而非贴附于商品之上的标识；二是同心圆排列的可撕胶片具有随着撕掉胶片调节密封模块内径的实用功能。关于商标的使用方式，法律并未限定商标必须以物理上与商品本身明确隔离的吊牌、铭牌等形式使用，也未禁止商品本身或某些部位呈现的形状和色彩作为商标；另外，根据查明事实和双方陈述，被控侵权密封组件中蓝黑相间同心圆所附着的可撕胶片确实具有上述实用功能，但是其上附着的蓝、黑两种颜色与产品的实用功能并无直接联系，颜色可以随机选择，因此该图案可以起到识别商品来源的作用，属于商标性使用。

二、关于商标相同、近似的判定

商标法规定，未经商标注册人许可，在同一种商品上使用相同商标，以及在同一种或类似商品上使用相同或近似商标容易导致混淆的，均属于侵犯注册商标专用权行为。该案中，涉案商标的核准使用商品包括密封球、密封物、接头用密封物等，被诉侵权商品为密封组件产品，两者属于相同商品。美商思科公司在其生产的密封组件上使用了横截面呈现蓝色和黑色相间的图案，中心为黑色圆形，其外围排列有蓝色、黑色循环反复的同心圆，与烙克赛克公司的权利商标进行比较，蓝色和黑色的使用位置相同，排列组合方式一致，虽然美商思科公司主张被控侵权产品上呈现的蓝黑相间图案色号与权利商标存在差异，但在案证据显示二者在视觉上并无明显差别，基于普通消费者的一般注意力标准，很难辨别同种颜色不同色号间的细微不同。综上，被控侵权标识与烙克赛克公司的权利商标相比较，二者在视觉上无实质性差别，构成相同商品上的相同商标。美商思科公司使用与权利商标相同的标识，容易导致相关公众对二者的商品来源产生混淆误认。最终，法院认定美商思科公司在相同类别上使用与烙克赛克公司相同商标的行为侵犯了烙克赛克公司涉案注册商标专用权，应当承担相应的法律责任。

编写人：北京市东城区人民法院　闫永廉　李向阳

11

商标侵权判定中可适用多因素测试法判断是否存在混淆可能性

——燕京智汇公司诉燕京集团公司、燕京股份公司侵害商标权案

【案件基本信息】

1. 裁判书字号

北京知识产权法院（2019）京73民终2544号民事判决书

2. 案由：侵害商标权纠纷

3. 当事人

原告（上诉人）：燕京智汇公司

被告（被上诉人）：燕京集团公司、燕京股份公司

【基本案情】

原告燕京智汇公司成立于2014年10月28日，经受让取得第6477049号“燕京旅游”商标的注册商标专用权，注册有效期自2010年7月14日至2020年7月13日，核定使用服务项目为第39类旅行陪伴、观光旅游等。

被告燕京集团公司成立于1993年7月30日，经核准注册，依法取得了第7237144号“燕京啤酒 YANJINGBEER”、第1140906号“”燕京加麦穗图形商标、第1199114号“燕京”文字商标的注册商标专用权，核定使用类别均为第32类，目前均在有效期内。上述三个商标在啤酒产品上已具备较高的知名度。被告燕京股份公司于1997年7月8日注册成立。“燕京啤酒文化节”是燕京集团公司举办的一年一度的啤酒文化活动。燕京智汇公司提交的侵权公证书载明：燕京集团公司在第二十四届、第二十五届、第二十七届“燕京啤酒文化节”观光旅游中使用了“燕京啤酒”四个字及“”燕京加麦穗标识（以下简称被控侵权标识），并在

其经营管理的网站（www. yanjing. com. cn）及名称为“燕京啤酒”微信公众号进行了宣传推广。

燕京智汇公司主张上述被诉行为由燕京集团公司、燕京股份公司共同实施，被诉行为中使用的被控侵权标识与其享有的“燕京旅游”商标构成近似，侵犯了其享有的注册商标专用权，故要求燕京集团公司、燕京股份公司共同承担停止侵权、消除影响、赔礼道歉的民事责任。被告燕京集团公司、燕京股份公司则认为：原被告商标核定使用类别不同，在适用范围、商标用途、消费对象、功能、销售渠道及销售习惯等方面完全不同，而且“燕京啤酒”和“燕京旅游”商标差异巨大，字体不同，含义、商标类型不同，读音、字形不同，整体结构不同，不能认定为相同商标或近似商标，故不构成商标侵权。

【案件焦点】

燕京集团公司和燕京股份公司是否侵犯了燕京智汇公司的注册商标专用权。

【法院裁判要旨】

北京知识产权法院经审理认为：关于原被告商标是否构成近似的问题。因“燕京旅游”“燕京啤酒”“燕京加麦穗标识”显著识别部分均为“燕京”，故原被告商标构成近似商标。

关于“工厂游”“燕京啤酒文化节”服务与“燕京旅游”商标核准注册服务是否构成类似服务的问题。燕京集团公司和燕京股份公司举办的“工厂游”与“燕京啤酒文化节”，其根本目的固然是宣传燕京啤酒系列产品，但从服务的具体内容和形式而言，系将提供旅游服务和宣传燕京啤酒相结合，属于旅游服务的一种，二者构成类似服务。一审法院认定二者不构成类似服务，二审对此进行了纠正。

关于混淆可能性以及被诉行为是否构成侵权的问题。燕京集团公司和燕京股份公司的被诉行为虽然属于在类似服务上使用与“燕京旅游”近似商标的行为，但判定是否构成商标侵权，还应判断二者是否容易导致相关公众的混淆。经过燕京集团公司和燕京股份公司长期的宣传和使用，“燕京啤酒”及“燕京加麦穗标识”在啤酒商品上已具备较高知名度，加之“工厂游”与“啤酒文化节”本身与其啤酒生产和销售紧密相关，“燕京啤酒”及“燕京加麦穗标识”商标亦主要指向的是其啤酒产品，而并非旅游服务本身。故即便同样使用在旅游类服务上，相关公众在产源识别上仍然会指向燕京集团公司和燕京股份公司而非燕京智汇公司。而从“燕京旅游”的角度考察，其提交的微信公众号截图、宣传册等尚不足以证明其具有较高的知名度。因此，相关公众不会将“燕京啤酒”“燕京加麦穗标识”与“燕京旅游”相混淆。燕京集团公司和燕京股份公司的被诉行为未侵害燕京智汇公司享有的商标权。

北京市东城区人民法院于2019年6月14日作出一审判决，驳回原告燕京智汇公司的全部诉讼请求。宣判后，原告燕京智汇公司提出上诉。

北京知识产权法院于2019年11月18日作出判决：驳回上诉，维持原判。

【法官后语】

在当前的司法实践中，对于商标侵权的判定，通常还局限在对于商标、商品是否相同或近似上，虽然2013年商标法第五十七条第二项引入了“混淆可能性”的判断标准，但实践中对于混淆可能性的认定往往一笔带过，标准也有很大的模糊性和不确定性。对于哪些因素可能影响混淆误认的认定，理论界和实务界均存在不同的认识。《最高人民法院关于审理商标授权确权行政案件若干问题的规定》借鉴了欧美立法中的多因素测试法，列举了商标标志的近似程度、商品的类似程度、请求保护商标的显著性和知名程度、相关公众的注意程度、商标申请人的主观意图以及实际混淆的证据等作为判定未注册驰名商标的混淆可能性的考量因素，尽管该条是对未注册驰名商标的保护，但由于认定商标侵权的理论基础都是混淆可能性，因此这一判断方法在一般商标的侵权认定中也有一定的参考意义。本案在认定商标和商品构成近似的基础上，采用多因素分析方法，从被告商标知名度显著高于原告商标，被告使用其商标的意图和目的具有正当性和合理性，被告商标指向啤酒产品并非旅游服务本身，不会导致相关公众对产品来源产生混淆等方面，对于被控侵权标识的使用是否容易造成消费者混淆进行了详尽的分析，对于同类案件的审理具有一定的借鉴意义。

判定是否存在混淆，应从以下三个维度进行考量：其一，将商标与商品以及商标具体的使用情形相结合。公众在购买商品或服务时，通常看到的不是注册证上的商标，而是将商标与商品结合起来整体进行识别，因而商标的具体使用情形及消费者的整体印象对于判断是否可能造成混淆就尤为重要。其二，请求保护商标的显著性和知名程度。在商标侵权案件中，请求保护商标的知名度虽与行为人是否存在攀附他人商标商誉无必然因果关系，但可以作为判断行为人是否知晓请求保护商标的考量因素。其三，注册商标专用权的保护范围与其知名度有着直接的关系。持续使用注册商标的时间越长、范围越广，知名度也越高；在商标侵权中认定商标近似和商品类似的范围越大，其商标专用权的排斥范围越大，因而可以获得更宽的保护范围。相反，知名度相对较低的注册商标，其注册商标专用权的排斥范围就越小，对其保护范围也越小。其四，行为人是否具有混淆意图，考查行为人主观上是否具有攀附他人商标声誉的恶意。关于行为人的主观状态，学界通说认为知识产权侵权适用无过错责任，因而是否具有侵权故意并不是构成商标侵权的必要条件，只可作为考量因素之一。一般而言，个体的主观心理很难通过直接证据予以证明，需要借助外在行为或其他间接证据予以推定。实践中，可以考量原被告商标的知名度、原被告的业务范围、是否属于同业经营者，原被告商标的历史使用情况、市场环境等因素综合判断行为人是否存在混淆的故意。

综上，司法审判中认定是否存在混淆可能性，应当尽可能的置身还原现实的消费环境，考量消费者的认知能力和水准，同时结合请求保护商标的知名度、行为人是否具有混淆意图、商标的使用情况等因素进行全面考量

编写人：北京市东城区人民法院　王丹　刘蔚雯

12

认定商标使用的商品或服务类别应当结合商标使用人的经营范围及商标的使用场景、使用方式、消费对象的认知等因素综合判断

——东方祥麟公司诉深圳百果园公司、泽德水果店侵害商标权案

【案件基本信息】

1. 裁判书字号

福建省高级人民法院（2019）闽民终 1274 号民事判决书

2. 案由：侵害商标权纠纷

3. 当事人

原告（上诉人）：东方祥麟公司

被告（被上诉人）：深圳百果园公司、泽德水果店

【基本案情】

原告东方祥麟公司拥有第146××××号“”注册商标（核定使用商品为第31类“鲜水果、新鲜蔬菜、甘蔗”等）。原告东方祥麟公司基于此商标对被告深圳百果园公司、泽德水果店提起标的额高达91030000元的侵权诉讼，主张被告深圳百果园公司在鲜水果上使用了与其注册商标“”相似的百果园等标识构成商标侵权。被告深圳百果园公司主张其拥有第1606××××号“百果园”（核定使用商品为第9类“计算机软件（已录制）、计算机程序（可下载软件）”等）、第680××××号“百果园”（核定使用服务为“替他人推销”等）注册商标，其是提供水果零售服务的连锁企业，而非水果生产企业，其在经营过程中使用百果园等标识是属于对其商标及字号的正当使用，不会与原告注册商标造成混淆，不构成商标侵权。

【案件焦点】

1. 东方祥麟公司的起诉是否属于法院的受理范围；2. 深圳百果园公司、泽德水果店使用“百果园”标识的行为是否侵害东方祥麟公司的第146××××号“”注册商标专用权；3. 如果深圳百果园公司、泽德水果店构成侵权，应当承担具体的民事责任为何。

【法院裁判要旨】

福建省泉州市中级人民法院经审理认为：东方祥麟公司在本案中是以深圳百果园公司超出其核定商品或服务的范围为由主张深圳百果园公司构成商标侵权，根据《最高人民法院关于审理注册商标、企业名称与在先权利冲突的民事纠纷案件若干

问题的规定》① 第一条第二款的规定，属于人民法院的受案范围，应当予以受理。

深圳百果园公司的经营范围不包括农业种植或者相关水果种植，结合其与果农、水果种植企业等水果源头企业签订的购销合同，说明深圳百果园公司不是一家种植水果的农业企业，而是在商品流通领域以提供水果销售、加工及配套服务为主的服务型企业。尼斯分类的版本变动以及实际经营中大多数零售商家在第35类“替他人推销”类别上申请注册商标并将该商标实际上用于商场、超市服务范围之内，应当认定商品的零售服务属于第35类“替他人推销”。深圳百果园公司经过多年的宣传推广经营活动，其商业规模涵盖了全国主要的省级行政区划，旗下的授权门店多达千家，其为水果种植企业与消费者之间搭建了一条采购、配送、服务的渠道，为水果种植企业提供水果零售的便利综合服务，亦为消费者提供与水果种植企业沟通纽带。深圳百果园公司及其授权门店在实体店铺中使用“百果园”标识或字样的行为，并未直接标识到每个独立的水果或者单一水果包装上，不应认定在第31类“鲜水果”类别上使用，深圳百果园公司授权门店中销售的部分水果带有水果种植企业使用的商品商标，说明深圳百果园公司使用“百果园”标识或字样的目的并不在于识别水果的种植及生产来源，而是在于标识经营场所以及区分零售服务提供者的来源。故应当认定深圳百果园公司及其授权门店在实体店中使用涉案“百果园”标识或字样的行为，属于在核定服务项目范围内合法使用第680××××号“百果园”注册商标的行为。

东方祥麟公司和深圳百果园公司所提供的商品及服务构成一条产业链的前端及后端，司职分工不同，在两家公司未相互进入对方经营领域以及各自在各自领域均持有注册商标的情况下，其商标使用的类别不构成类似。

另外，深圳百果园公司经过多年的经营，在商业上已经形成较大的市场规模，而东方祥麟公司并未进入商品零售行业，深圳百果园公司不可能具有攀附东方祥麟公司涉案注册商标知名度的主观意图。结合深圳百果园公司在具体场所和情景中使用的标识与东方祥麟公司的“”注册商标在图形及字母方面存在较大差别，

① 此处指2008年发布的《最高人民法院关于审理注册商标、企业名称与在先权利冲突的民事纠纷案件若干问题的规定》，其已于2020年修正，本书收录的案例均裁判于其修改生效前，适用的是当时有效的法律法规及司法解释，下文将不再对此进行提示。

两者所属商品或服务类别亦不同，共存于市场并不会造成相关消费者的混淆。泉州市中级人民法院一审驳回了东方祥麟公司的诉讼请求。后东方祥麟公司不服提出上诉，二审法院同意一审法院的裁判意见。

【法官后语】

本案为典型的涉及权利冲突的侵害商标权纠纷。首先，法院明确了在涉及注册商标权利冲突时人民法院受理商标侵权案件的要件。其次，本案就应当如何认定商标使用的商品或者服务类别以及零售服务和商品是否构成类似的问题提供了审理思路。结合本案双方当事人的具体情况，在认定双方当事人各自持有商标的具体使用类别时应当结合商标使用人的经营范围及商标的使用场景、使用方式、消费对象的认知等因素综合判断。零售、推销服务应当归为第35类“替他人推销”，该类别与被推销的商品本身所处类别分别构成一条产业链的前端及后端，司职分工不同，在商标使用人的经营范围未有实际交叉以及在各自经营范围均持有注册商标的情况下，不应认定构成类似商品和服务。

本案诉讼时机处于被告使用涉案标识已具备一定商业规模并即将进行下一步融资的情况下，应当说原告知晓被告使用涉案标识多年但未采取相关措施，而本次原告提出高达9103万元的索赔的诉讼动机值得推敲，且本案被告使用的注册商标在行政程序亦曾结合其商标使用情况被认定为驰名商标，最终法院驳回原告的诉讼请求，维持了现有商业秩序的稳定。

编写人：福建省泉州市中级人民法院　黄熠

13

商标使用人有权在原有范围内继续使用其先使用并有一定影响的商标

——拉手商贸公司诉拉手网络公司侵害商标权案

【案件基本信息】

1. 裁判书字号

北京知识产权法院（2019）京73民终2760号民事判决书

2. 案由：侵害商标权纠纷

3. 当事人

原告（上诉人）：拉手商贸公司

被告（被上诉人）：拉手网络公司

【基本案情】

案外人周某葆于2010年9月16日申请并经商标局于2011年11月7日核准注册拉手商标，该商标核定使用的服务类别为第35类，包括广告、进出口代理、拍卖、替他人推销、替他人采购（替其他企业购买商品或服务）、广告代理、职业介绍所、会计、替他人订阅报纸、组织商业或广告展览（截止），注册有效期自2011年11月7日至2021年11月6日。2016年12月6日，拉手商贸公司受让该商标。拉手商贸公司注册了LASHOU拼音商标。

拉手商贸公司注册成立于2014年8月5日，其营业执照登记的经营范围包括日用百货、五金产品等，该公司在内蒙古自治区呼和浩特市金桥开发区某小区5幢1028号商铺设有经营场所，在其经营场所招牌上，拉手商贸公司使用了拉手商标，拉手商贸公司亦提交证据证明其曾在报纸上使用拉手刊登广告。

拉手网络公司于2009年9月15日注册成立。拉手网络公司成立后使用域名

lashou. com 进行拉手网的经营。该网站首页左上角使用了附件一标识。拉手网为团购网站，其经营的主要方式及内容为展示合作商户的商品/服务团购信息并销售团购代金券，除团购信息外，拉手网上还有为商户发布的以链接形式展示的广告。拉手网络公司提供证据证明早在 2010 年 7 月，其即在公司前提使用“拉手网”字样。审计报告显示拉手网络公司 2010 年度营业收入 2369901 元，经营产生的现金流量净额 21151299. 85 元。

拉手商贸公司主张拉手网络公司构成商标侵权，主张停止侵权、赔礼道歉、赔偿经济损失及合理费用 200 万元。拉手网络公司主要抗辩意见为其在先使用拉手相关标识，不构成商标侵权。

【案件焦点】

1. 拉手网络公司经营的服务与拉手商标核定使用的服务类别是否构成相同或近似；2. 拉手网络公司是否构成在先使用。

【法院裁判要旨】

北京市朝阳区人民法院经审理认为：从拉手网络公司提供的服务来看，拉手网络公司经营的为团购网站，其基本的经营方式为在网站上展示商户的商品/服务信息，并为消费者提供代金券的购买。消费者在购买代金券后凭券到商户的店铺中进行消费，拉手网络公司并未直接向消费者提供商户的商品/服务，仅是以销售团购代金券的方式吸引消费者到商户店铺进行消费，从拉手网络公司上述经营的基本方式与内容上来看，拉手网络公司提供的服务可归入替他人推销的服务类别，与拉手商贸公司拉手商标、LASHOU 拼音商标核定使用的服务类别相同。

拉手网络公司于 2009 年 9 月 15 日注册成立，拉手系其企业字号。拉手网络公司自 2010 年 3 月即已与商户开展团购合作，经营名为拉手网的团购网站，且拉手网络公司在其公司前台使用了显著的拉手网字样作为标识，拉手网络公司使用拉手网作为商标在先。根据相关媒体报道，截至 2010 年 9 月拉手商标申请注册前，拉手网在团购网站中即已具备了一定的影响力，拉手网络公司在先使用的拉手网商标在拉手商标申请注册前，即已具有一定影响。拉手网络公司使用的拉手网商标与拉手商标仅一字差，二者构成近似商标，但根据商标法第五十九条第三款，在拉手网络公司在先使用的拉手网商标在拉手商标申请注册前即已具有一定影响的情况下，拉手商贸公司无权禁止拉手网络公司在原有范围内继续使用。

本案中，拉手商贸公司起诉拉手网络公司构成商标侵权的行为为拉手网络公司使用附件一标识，附件一标识在拉手网络公司在先使用的拉手网文字的基础上附加了图形与“Lashou. com”字样。拉手网络公司使用的上述标识，与拉手商贸公司的拉手商标、LASHOU 拼音商标相比较均附加了显著的区别标识。在拉手网络公司使用附件一作为商标的情况下，相关公众更能将使用该标识的拉手网络公司识别为拉手网这一团购网站的经营者，不会将拉手网络公司通过拉手网这一网站提供的服务与拉手商贸公司使用拉手商标或 LASHOU 拼音商标的服务相混淆。且拉手网络公司使用的范围仍在拉手网这一团购网站的范围内。拉手网络公司对附件一标识的涉案使用行为，构成商标法第五十九条第三款规定的在先使用，拉手商贸公司主张拉手网络公司侵犯其拉手商标、LASHOU 拼音商标的商标专用权，并无事实及法律依据，法院依法不予支持。

拉手网络公司使用的 lashou. com 的域名中二级域名“lashou”与拉手商贸公司 LASHOU 拼音商标相同，但拉手网络公司使用该域名在 LASHOU 拼音商标注册前，亦在拉手商标注册前，相关公众登陆域名为 lashou. com 的团购网站，会清楚地认识到其登陆的是名为拉手的团购网站，而非使用了拉手商标或 LASHOU 拼音商标的网站，基于拉手网络公司对该域名的在先注册与使用，相关公众不会产生误认，拉手商贸公司主张拉手网络公司使用该域名构成商标侵权并无事实及法律依据。

北京市朝阳区人民法院一审判决拉手商贸公司全部诉讼请求。北京知识产权法院同意一审法院的裁判意见。

【法官后语】

我国商标法采取商标注册保护制度，因此在市场经营活动中，经营者欲使其使用的商标获得商标法的强保护，应当树立主动对商标进行注册的意识。但在一这基本制度下，商标法第七条对于商标的申请注册与使用还规定了诚实信用的基本原则，配合这一基本原则，商标法在第五十九条第三款规定了在先使用并有一定影响的商标也是可以获得商标法弱保护的，同时该弱保护在满足一定条件的情况下还有对抗商标注册人的效力，本案所要解决的基本问题就是被告方在先使用并有一定影响的抗辩是否成立的问题。

商标法第五十九条第三款规定，商标注册人申请商标注册前，他人已经在同一种商品或者类似商品上先于商标注册人使用与注册商标相同或者近似并有一定影响的商标的，注册商标专用权人无权禁止该使用人在原使用范围内继续使用该商标，但可以要求其附加适当区别标识。根据上述规定，在先使用抗辩权的成立，至少要满足以下两个条件：首先，时间条件。在先使用人的使用必须在商标权人申请商标注册前，而不是在商标获准注册日前。申请时间必然是早于获准注册时间的，在先使用人的使用必须更早于此日期。其次，知名度条件。商标法对于在先使用的商标进行保护，要求其达到有一定影响的程度。当然，“有一定影响”并无更具体的判断标准，司法实践中，法院会根据在先使用的提交的持续使用时长、媒体宣传报道、产品与服务获奖情况等在案证据综合判断。

在先使用抗辩成立的后果如何，是必然绝对排斥注册商标的效力吗？当然不是。在先使用抗辩成立的法律后果主要体现在以下几个方面：第一，在先使用权人抗辩成立，其使用行为不构成商标侵权。因为虽然商标权人经商标注册程序获得了专用使用权，但该注册商标的专有使用权仍不能违背与忽视在此之前相同或类似的商标标识已经在市场当中发挥识别商标来源作用的客观事实。注册商标专用权产生在后，在后的权利不能作为认定在先行为构成商标侵权的基础。在不构成商标侵权的情况下，在先使用人自然无需承担赔偿商标注册人经济损失的法律责任。第二，在先使用抗辩的成立，亦不能否定和突破我国商标法规定的商标注册基本制度。根据商标法注册程序所获准注册的商标仍然有其专用权与禁用权的范围。在注册商标禁用权的辐射之下，在先使用的商标如可能与注册商标产生混淆的，在先使用的商标也丧失了以其原使用形态继续存在的合法性。这里我们需要注意的是，商标法第五十九条第三款规定的是注册商标专用权人有权要求在先使用人附加适当区别标识。但法院是否需要根据注册商标专用权人的申请判决在先使用人附加区别标识，应当个案判断。如果在先使用人所使用的标识本身与注册商标专用权人即不一样，同时其所使用的商标已经获得一定的知名度，且注册商标专用权人使用注册商标积累的知名度较小，相关公众一看到在先使用人使用的商标即能指向唯一的经营主体，不会造成混淆，则在这种情况下，法院无需另行判决在先使用人承担附加区别标识的责任，本案即这种情况。

在先使用未注册商标与在先注册商标产生冲突，既可能是由于巧合，也可能是由于商标抢注的不诚信行为。在诚实信用成为商标法立法原则的前提之下，在商标抢注不诚信行为多发的社会背景之下，法院在审理商标侵权案件中，应当根据被告提取的在先使用抗辩、结合其提交的证据，综合判断在先使用是否成立，在后注册是否有违诚信。对于诚信的市场经营者，应当依法通过长期经营所积累的商誉、未注册商标的在先使用权。

编写人：北京市朝阳区人民法院　崔树磊

14

在先使用抗辩成立的要件分析

——苏州平行世界公司诉北京小马飞捷公司侵害商标权案

【案件基本信息】

1. 裁判书字号

北京知识产权法院（2019）京73民终2025号民事判决书

2. 案由：侵害商标权纠纷

3. 当事人

原告（被上诉人）：苏州平行世界公司

被告（上诉人）：北京小马飞捷公司

【基本案情】

2015年9月24日，苏州平行世界公司向国家工商行政管理总局商标局申请注册“轻管家”商标，申请服务为第45类。2016年11月7日，苏州平行世界公司经核准注册第1797××××号“轻管家”商标，核定服务项目第45类：临时看管房子；临时照料宠物；家务服务；社交陪伴；开保险锁；在线社交网络服务；域名注册（法律服务）；计算机软件许可（法律服务）；计划和安排婚礼服务；安全保卫咨询（截止）。注册有效期自2016年11月7日至2026年11月6日。2016年1月25日，北京小马飞捷公司向国家工商行政管理总局商标局申请注册“轻管家”商标，申请商品/服务为第 45 类：侦探服务；社交陪伴；家务服务；服装出租；交友服务；计划和安排婚礼服务；在线社交网络服务；计算机软件许可（法律服务）；殡仪；安全及防盗警报系统的监控。2017 年 5 月 14 日，北京小马飞捷公司经核准注册第 18975996 号“轻管家”商标，核定服务项目第 45 类：服装出租；殡仪，其余申请项目，包括家务服务，均被驳回。2018 年 7 月 13 日，浏览北京小马飞捷公司的网站 www. xiaomaguanjia. com，可见该网站首页左上角名称为“小马管家”，右侧分为首页、轻管家、元气介护、服务集市等菜单；首页下拉页面可见“轻管家服务”字样，所使用字体大于页面其他所有文字使用的字体；点击菜单栏“轻管家”进入页面，可见“小马管家轻管家服务”字样位于页面中上方位置，下拉页面可见“我叫轻管家”“我用轻管家”“我是轻管家套餐”字样，以不同颜色、不同字体进行显示，区别于页面其他内容。用电脑与手机分别登入北京小马飞捷公司的“小马管家”微信公众号页面，首页均可见“轻管家”“轻管家 PLUS”图标，滚动内容亦可见“轻管家 PLUS”字样。点击进入“轻管家”，可见“为什么选择轻管家”字样，内容介绍为“清洁服务”“家务打包”等，下方为“预约轻管家”选项；进入“轻管家 PLUS”，可选择“立即预订”；内容介绍为“星级服务　家务全包”等。

【案件焦点】

商标在先使用抗辩成立的条件。

【法院裁判要旨】

北京市西城区人民法院经审理认为：商标在先使用抗辩成立的条件应包括：（1）使用人先于商标注册人使用商标；（2）使用人的此种使用行为使商标已经具有一定影响，此种“有一定影响”的判断应当结合商标使用的宣传、使用行为的持续时间、使用程度、地域范围、使用规模、销售额等综合判定。本案中，虽然在案证据能够证明被告使用该商标的时间早于原告申请注册商标的时间，但是也仅仅能够证明 2015 年 8 月 26 日被告召开一次新闻发布会发布“轻管家”服务、2015 年 11 月被告“轻管家”模式被一家刊物刊发报道的事实。其中，刊物刊发时间晚于原告申请注册商标的时间 2015 年 9 月 24 日，故该次宣传不应作为认定在先权利的依据。而仅就新闻发布会而言，无论是从宣传的频次、时间持续，还是从宣传报道的范围、主体来说，该次发布会的宣传报道不足以使被告使用的商标达到“有一定影响”的程度。此外，从召开新闻发布会至原告2015年9月24日申请注册商标，期限较短，并无证据表明期间被告持续使用“轻管家”商标并取得了一定影响，其未经许可在相同服务上使用“轻管家”商标，构成商标侵权。

北京市西城区人民法院依照《中华人民共和国商标法》第五十七条第一款第二项、第六十三条，《中华人民共和国民事诉讼法》第六十四条第一款之规定，作出如下判决：

一、北京小马飞捷公司于本判决生效之日停止侵害苏州平行世界公司注册商标专用权的行为；

二、本判决生效之日起三十日内，北京小马飞捷公司在其网站、手机APP、微信公众号中刊登声明，消除影响；

三、北京小马飞捷公司自本判决生效之日起十日内赔偿苏州平行世界公司经济损失50000元；

四、北京小马飞捷公司自本判决生效之日起十日内赔偿苏州平行世界公司合理开支20000元；

五、驳回苏州平行世界公司的其他诉讼请求。

北京小马飞捷公司不服一审判决，提出上诉。北京知识产权法院同意一审法院裁判意见，依照《中华人民共和国民事诉讼法》第一百七十条第一款第一项之规定判决：驳回上诉，维持原判。

【法官后语】

一、商标在先使用抗辩的立法意旨

在先使用抗辩的法律依据为我国商标法第五十九条第三款的规定：“商标注册人申请商标注册前，他人已经在同一种商品或者类似商品上先于商标注册人使用与注册商标相同或者近似并有一定影响的商标的，注册商标专用权人无权禁止该使用人在原使用范围内继续使用该商标，但可以要求其附加适当区别标识。”商标在先使用作为一种抗辩权而非请求权，其设立的目的主要在于倡导商标注册制度的同时捍卫在先使用者已经形成的商业声誉和商品信誉。换言之，一方面需要依据诚实信用保护在先权利，另一方面又要防止在先权保护过度对商标注册制的冲击，因此，赋予先权利人对抗损害赔偿和停止侵害救济的权利。商标注册登记制之下，在先使用形成的既有权利和市场保护与注册申请人之间的平衡需要商标法给出回应，因此在2013年商标法修改之时加入了此部分规定内容。

二、商标在先使用抗辩要件梳理

在商标在先使用抗辩立法本意的指导下，该项抗辩成立的条件主要应当包括：(1) 在先使用人的行为已经符合商标侵权的要件；(2) 符合两个“在先”条件，即先于商标申请日前使用且先于商标权人使用；(3) 在先使用人的此种使用行为使商标已经具有一定影响；(4) 在先使用人的使用应当出于善意。具体而言：

首先，从字面上理解商标法相关规定，在先使用并有一定影响的时间早于商标注册申请日即可，但是从衡平两方利益、稳定相关市场的立法意旨角度分析，不宜给予在先权利人过度保护，因此，如果双方均表明自己在申请注册日期之前有使用行为，则应由法院依据证据确定双方的最早使用时间，以确定谁更早使用该商标。在先使用人不仅需要证明其在商标权人申请注册之前就已经使用，还需要进一步证明其最早使用时间早于商标权人。

其次，我国虽然采用商标注册制，但是仍然依据未注册商标的使用范围、时间、影响力大小给予不同程度的保护，在先使用抗辩成立就需要使用人证明此种使用行为使商标已经具有一定影响。如此规定，同样是为了保障诚实信用、勤恳经营的市场主体利益之平衡。因此，对“一定影响”的判断不宜标准过高，否则将使在先使用抗辩形同虚设。但是，如果将“一定影响”泛化，又会冲击商标注册制这一基本制度，蚕食注册商标的市场。故而，在先使用具有“一定影响”的判断，应当结合商标的广告宣传程度、使用行为的持续时间、使用程度、地域范围、使用规模、销售额等综合判定。之所以考虑这些因素，是因为它们均是稳定市场的证明，即持续实际的使用使得未注册商标在一定范围内为相关公众所知晓，频繁广泛的使用造就了相对平稳的市场和信誉，这才是在先使用抗辩制度需要衡平的一方利益。

最后，善意的使用才是正当的市场信誉和利益，才是在先使用抗辩保护的对象。具体是否善意亦是从当事人的举证情况来进行判定。一般而言，如果商标注册人反证对方此前存在业务合同往来、商标代理注册或者其他极有可能的业务接触，使得使用人完全能够知晓注册商标存在，则使用人难谓善意。

总之，商标在先使用抗辩旨在稳定市场、衡平利益，这一本意也应贯穿抗辩成立的具体要件的分析过程。

编写人：北京市西城区人民法院　黄秋平　高天

15

商标描述性使用侵权抗辩应满足主观善意要件

——新泽徽公司诉某风景旅游管理委员会、中锐公司侵害商标权案

【案件基本信息】

1. 裁判书字号

北京知识产权法院（2019）京73民终3067号民事判决书

2. 案由：侵害商标权纠纷

3. 当事人

原告（被上诉人）：新泽徽公司

被告（被上诉人）：某风景旅游管理委员会

被告（上诉人）：中锐公司

【基本案情】

原告是一家专门从事旅游文化产业推广、体育文化产业推广等业务的创新企业，拥有第1366××××号“爱情国际马拉松AIQINGGUOJIMALASONG”商标（以下简称“爱情国际马拉松”商标）、第2299××××号“爱情马拉松”商标（以下简称“爱情马拉松”商标）的专用权。2016年，原告曾与被告一签订协议合作承办2016年雁荡山“爱情国际马拉松”赛事策划和运营。2018年11月，二被告曾在其联合组织的体育赛事活动中再次使用“爱情马拉松”字样。原告认为上述行为侵害了其“爱情国际马拉松”“爱情马拉松”注册商标权，故诉至法院，要求判令二被告立即停止侵权、刊登声明、消除影响并赔偿经济损失20万元。

二被告的抗辩意见主要包括两点：一是“爱情马拉松”“马拉松”只是赛事的名称，并非作为商标性使用。“爱情马拉松”由“爱情”和“马拉松”两个通用名称组成，直接表明了马拉松赛的主题内容、功能及特点，不具有商标意义上的显著性。二是地名“雁荡山”因享誉世界的著名景点“夫妻峰”而素有爱情名山之称，

雁荡山旅游管委会举办2018年"雁荡山爱情马拉松"跑步赛事活动，是"第七届中国雁荡山夫妻节"的一个组成部分，使用"爱情马拉松"仅表明爱情的主题，未起到指示商品或服务来源的作用，不会造成社会公众对服务来源的混淆误认，属于正当使用，故否认构成商标权侵权。

【案件焦点】

二被告使用"雁荡山爱情马拉松"作为赛事名称是否构成商标的描述性合理使用，是否侵害原告"爱情马拉松""爱情国际马拉松"注册商标权。

【法院裁判要旨】

北京市朝阳区人民法院经审理认为：商标法第五十九条第一款规定，注册商标中含有的本商品的通用名称、图形、型号，或者直接表示商品的质量、主要原料、功能、用途、重量、数量及其他特点，或者含有的地名，注册商标专用权人无权禁止他人正当使用。就本案而言，原告注册的"爱情国际马拉松"商标、"爱情马拉松"商标中"马拉松"文字为直接表明体育比赛活动内容的部分，原告对该部分无权禁止他人正当使用。但对于马拉松比赛或活动来说，"爱情"并非直接表明其质量等特点的词汇，上述两商标的显著性即体现在将"爱情"与"马拉松"组合上。在不考虑象征意义的情况下，"爱情"与作为体育比赛的"马拉松"并无直接关联，并无证据证明在原告承办"2016雁荡山爱情国际马拉松"前"爱情国际马拉松"或"爱情马拉松"已经成为马拉松类体育赛事的通用名称，故二被告抗辩称"2018年乐清雁荡山爱情马拉松"中使用"爱情马拉松"系对商品通用名称或对直接表示商品质量等其他特点部分的正当使用，并无事实及法律依据，法院依法未予支持。

二被告使用"2018年乐清雁荡山爱情马拉松"作为其举办的马拉松赛事活动的名称，并使用该名称用于赛事活动的广告、宣传、推广当中，上述使用方式，起到了区分赛事活动来源的作用，系将"2018年乐清雁荡山爱情马拉松"作为商标使用的行为，不属于描述性使用，对于二被告提出的该种使用方式系出于描述性使用商标标志的抗辩意见，一审法院未予采信。因二被告联合主办的"2018年乐清雁荡山爱情马拉松"活动与原告的"爱情国际马拉松"商标核定使用的组织教育或娱乐竞赛服务构成类似服务，与"爱情马拉松"商标核定使用的组织体育比赛服务构成相同服务。而作为商标使用的“2018年乐清雁荡山爱情马拉松”与“爱情马拉松”“爱情国际马拉松”相比，表示年份的“2018年”与表示地名的“雁荡山”并非其主要识别部分，“爱情马拉松”构成“2018年乐清雁荡山爱情马拉松”的主要识别部分，二者从整体上比较构成近似商标，对于一般社会公众而言，容易将二被告主办的比赛活动与原告使用“爱情马拉松”或“爱情国际马拉松”商标举办的活动产生混淆，或使一般社会公众误认二被告主办的比赛活动与原告举办的相同活动存在特定的联系，因此，二被告的行为违反了商标法第五十七条第二项之规定，构成在相同或类似商品上使用与注册商标近似商标且容易导致混淆的商标侵权行为，依法应当承担停止侵权、赔偿损失民事责任。故依据《中华人民共和国侵权责任法》第八条、第十五条、《中华人民共和国商标法》第五十七条第二项、第六十三条之规定，判决：二被告共同赔偿原告经济损失及合理开支共计10.8万元。

被告二不服一审判决，提起上诉。北京知识产权法院经审理认为：商标的描述性使用是针对商标第一含义的使用，主要包括商品的通用名称、图形、型号、或者直接表明商品的质量、主要原料、功能、用途、重量、数量及其他特点或者地名等词汇，这些描述性词汇并非像臆造性词汇一样具有较强的显著性，属于公有领域的符号，由社会共享公共资源和公共知识。故在他人合理、善意的使用与注册商标相同或近似的标志，且使用仅是为了说明或描述商品的质量、功能、用途等，不会引起相关公众的混淆误认，则注册商标权人无权禁止他人的正当使用。判断他人使用与注册商标相同或近似的标志是否构成善意，需要考虑他人使用时是否具有攀附商标权人商誉、使用方式等因素。

2016年原审被告一在与被上诉人合作举办马拉松活动后，知晓了被上诉人享有商标权的涉案商标，亦应知晓被上诉人使用涉案商标举办过其他赛事活动，上诉人和原审被告一在共同举办2018年涉案赛事活动中，仍然使用与涉案商标相同或近似的文字，在使用方式和宣传口号、赛事主题、赛程设置等方面，均与2016年雁荡山·爱情国际马拉松活动存在诸多相同或相似，不能排除上诉人和原审被告一在主观意图上具有搭便车、攀附被上诉人商誉的故意，其上述使用行为并非出于善意，不能认定上诉人和原审被告一对“爱情马拉松”文字的使用，构成商标法第五十九条规定的商标合理使用。上诉人和原审被告一的使用行为，属于商标意义上的使用，侵害了被上诉人的商标权。上诉人的上诉请求与理由无法律及事实依据，二审法院未予支持，判决：驳回上诉，维持原判。

【法官后语】

商标权的授权旨在激励和保护商标权利人，通过此种社会性设计赋予商标权人垄断性的专用权难以避免会产生权利保护与自由竞争的冲突问题。因此，为了平衡公共利益与商标权人的利益，商标法通过第五十九条对商标合理使用制度加以明确。

商标法第五十九条第一款规定，注册商标中含有的本商品的通用名称、图形、型号，或者直接表示商品的质量、主要原料、功能、用途、重量、数量及其他特点，或者含有的地名，注册商标专用权人无权禁止他人正当使用。该条规定的理论基础源于对描述性词汇双层含义的区分，描述性词汇本身具有的含义为“第一含义”，其经过长期的特定使用而获得了商标意义上的“第二含义”。虽然商标权人基于第二含义享有商标专用权，但不能抹杀该类词汇本身具有的第一含义，也不得禁止他人基于该词汇第一含义而进行的非商标意义上的使用。

本案中，二被告将“2018年乐清雁荡山爱情马拉松”作为其举办的马拉松赛事活动的名称进行使用，该赛事活动名称中的“2018年”表示年份，“乐清雁荡山”表示地名，均属于描述性词汇本身的正当使用。因此，本案的争议焦点就是“爱情马拉松”是否构成通用名称，二被告在涉案马拉松活动名称中使用“爱情马拉松”字样是否属于描述性使用。

针对“爱情马拉松”是否构成通用名称。本案中，原告分别在2015年2月14日和2018年2月28日经核准注册取得了第1366××××号“爱情国际马拉松”、第2299××××号“爱情马拉松”商标专用权，核定使用的服务类别为第41类，包括体育教育、教育、组织教育或娱乐竞赛、组织体育比赛等。一般而言，在商标民事侵权案件中，根据权利商标已经注册并维持有效的事实就应当推定权利商标在核定商品或服务的类别上具有显著性。因此，“爱情马拉松”“爱情国际马拉松”标志并不构成商品或服务的通用名称。从一般公众认识来讲，“爱情”也并非直接表明马拉松比赛或活动质量等特点的词汇，“爱情”与“马拉松”的这种组合形式在马拉松类体育赛事或活动上具备商标的显著性特征。因此，从该角度讲，“爱情马拉松”“爱情国际马拉松”亦不构成商品或服务的通用名称。

针对被诉行为是否构成描述性使用。判定一种使用商标标志的行为构成描述性使用，通常要对行为的正当性进行审查。一般而言，出于对商标标志本身“第一含义”的善意使用才能被认定为描述性使用。基于“爱情马拉松”并非通用名称，所以在判断被诉行为的正当性时就要进一步探究行为人的主观状态。本案中，被告一与原告曾在2016年有过共同举办马拉松活动的合作历史，并明确知晓原告享有“爱情马拉松”“爱情国际马拉松”的注册商标权，亦应知晓原告使用涉案商标举办过其他赛事活动。因此，二被告在联合举办2018年涉案赛事活动中仍然属于与2016年雁荡山·爱情国际马拉松活动诸多相同或相似的宣传口号、主题等策划，不能排除二被告在主观意图上具有搭便车、攀附原告商誉的故意。故法院认定二被告上述使用行为并非出于善意，不能认定二被告对“爱情马拉松”文字的使用具有正当性。

综上，二被告在涉案马拉松赛事活动名称中使用“爱情马拉松”不属于通用名称，二被告的行为并不属于商标的描述性使用，不构成商标法第五十九条规定的正当使用。最终基于商标侵权的一般判定规则，法院判定二被告的涉案行为构成商标侵权。

编写人：北京市朝阳区人民法院　唐铁星

16

商标连续三年不使用中“使用”的认定

——盘古公司诉首创公司侵害商标权案

【案件基本信息】

1. 裁判书字号

天津市高级人民法院（2018）津民终114号民事判决书

2. 案由：侵害商标权纠纷

3. 当事人

原告（上诉人）：盘古公司

被告（被上诉人）：首创公司

【基本案情】

2009 年 8 月 7 日，案外人唐某剑经核准取得第 511××××号“爱这城”文字商标注册证，核定使用服务（第 36 类）：不动产管理；公寓管理；公寓出租；住所（公寓）；经纪等服务上。2017 年 3 月 31 日，唐某剑与盘古公司签订《品牌授权管理合作协议》将“爱这城”在内的四个商标排他使用许可给盘古公司管理、使用和维护，并约定收益比例分配。2017 年 5 月 27 日，盘古公司通过公证取证，对天津市津南区景荷道“香雪苑”小区入口处的“爱这城”标识及周边的现状拍照。

另，2005 年 11 月 2 日，某报 A8 版广告页也刊登了上述首创置业楼盘广告页，页面中间位置载有与前述 10 月 26 日广告页字体相同的较大醒目“A－Ztown 爱这城”文字。上述广告均由北京首创公司刊登。首创公司开发的涉案“香雪苑”小区入口处的园林背景墙上载有的“A－Ztown 爱这城”文字，其中“A－Ztown”英文文字在上方，“爱这城”汉字在下方，“A－Ztown”字体图案与上述两份某报广告页刊登的“A－Ztown”字体图案基本相同。2017 年，原告盘古公司诉至天津市第二中级人民法院，认为被告首创公司在其开发建设的位于天津市津南区“首创·爱这城”小区，擅自使用“爱这城”商标字样，其行为已侵犯原告对“爱这城”注册商标的独占使用权，请求判令：被告停止侵权行为，即停止使用“爱这城”商标字样，并赔偿原告损失 200000 元。

庭审中，盘古公司认可如果未能获得收益或者没有其他侵权收益，其不用向案外人唐某剑支付商标许可使用费，并明确表示该公司不从事房地产开发服务行业，只是从事投资咨询类管理。原告盘古公司为证明自己实际使用了涉案商标，向法院提交了如下证据：河北亚太广告于 2017 年 5 月 1 日的亚太咨询广告页，内载明：“爱这城，爱这城，爱这家，爱尚生。都市人的心灵居所，海泽盛悦，浪漫之夜。览都市美景，享人生温馨　爱这城，爱这家，海悦品质，尽享奢华”，以证明盘古公司以盛悦公司的名义在亚太广告进行了广告宣传。二审审理期间盘古公司表示，上述亚太广告只是对“爱这城”商标的推广，没有相应楼盘。

【案件焦点】

1. 首创公司是否实施了侵害盘古公司享有的“爱这城”文字注册商标专用权行为；2. 如果侵权行为成立，首创公司应当承担怎样的法律责任。

【法院裁判要旨】

天津市第二中级人民法院经审理认为：原告盘古公司享有第511××××号“爱这城”注册商标的专用权，该商标核定使用于第36类的不动产管理、公寓管理、公寓出租等服务，与被告首创公司商品房销售相比，两者功能用途、消费对象、销售渠道基本相同，不动产管理等服务与商品房销售存在特定的联系，应当认定为商品与服务之间的类似。被告首创公司在其开发的楼盘使用“爱这城”标识，与原告盘古公司注册的商标完全相同，可以认定为相同标识。根据《中华人民共和国商标法》① 第五十七条第二项、《中华人民共和国商标法实施条例》第七十六条的规定，在类似商品上将与他人注册商标相同的标志作为商标或商品名称使用的，构成商标侵权，须具备误导公众、容易导致混淆的条件。

综观本案事实，被告首创公司关联公司在本案商标申请前已在北京相关楼盘使用“爱这城”标识宣传、销售商品房，被告在天津使用“爱这城”标识虽在原告商标注册之后，但基于本案商标注册后并无实际使用的证据，亦无证据证明原告及商标注册人对“爱这城”商标进行任何商业宣传，从而表明本案“爱这城”商标具有一定的知名度和美誉度，故不能认定被告具有攀附原告商标信誉的主观心理态度。同时，因原告主张权利的“爱这城”商标缺乏知名度，且“爱这城”在文字表述上具有“喜爱或者爱上这座城”的字面含义，被告当时作为楼盘名称使用具备一定正当性，客观上亦不会造成相关公众的混淆。综合分析商标注册人唐某剑申请其他商标的情况，其维护合法权益的正当性值得推敲，故对原告盘古公司主张被告的行为构成侵权，不予支持。

天津市第二中级人民法院依照《中华人民共和国商标法》第五十七条第二项，《中华人民共和国商标法实施条例》第七十六条，《中华人民共和国民事诉讼法》第六十四条第一款之规定，判决：驳回原告盘古公司的诉讼请求。

盘古公司不服一审判决，提起上诉。天津市高级人民法院经审理认为：不能认

---

① 此处指2013年修正的《中华人民共和国商标法》，其已于2019年修改，本案下同。

定首创公司实施了侵害盘古公司享有的第511××××号“爱这城”文字注册商标专用权行为。

依据商标法第一条，我国商标法的立法宗旨是为了加强商标管理，保护商标专有权，促使生产、经营者保证商品和服务质量，维护商标信誉，以保障消费者和生产、经营者的利益，促进社会主义市场经济的发展。商标法第四十八条规定，商标法所指的商标的使用，是指将商标用于商品、商品包装或者容器以及商品交易文书上，或者将商标用于广告宣传、展览以及其他商业活动中，用于识别商品来源的行为。第五十六条规定，注册商标专用权，以核准注册的商标和核定使用的商品为限。依据上述规定，注册商标专用权所保护的利益，不是核准注册的标识本身，而是经营者由于使用该标识于特定商品后产生的商誉，该商誉代表了经营者提供的商品或者服务的质量，是商标的真正价值所在，没有商品或者服务载体的标识本身是无法起到区别商品或者服务来源作用的，也是没有商标价值的。因此，取得商标注册并不意味着必然会受到注册商标专用权的保护。最高人民法院公布的指导性案例82号，王某永诉歌力公司、银泰公司侵害商标权纠纷案中，明确指出注册商标权利人如果构成权利滥用，是不应当受到保护的，该指导性案例阐述了权利滥用认定规则：“诚实信用原则是一切市场活动参与者所应遵循的基本准则。一方面，它鼓励和支持人们通过诚实劳动积累社会财富和创造社会价值，并保护在此基础上形成的财产性权益，以及基于合法、正当的目的支配该财产性权益的自由和权利；另一方面，它又要求人们在市场活动中讲究信用、诚实不欺，在不损害他人合法利益、社会公共利益和市场秩序的前提下追求自己的利益。民事诉讼活动同样应当遵循诚实信用原则。一方面，它保障当事人有权在法律规定的范围内行使和处分自己的民事权利和诉讼权利；另一方面，它又要求当事人在不损害他人和社会公共利益的前提下，善意、审慎地行使自己的权利。任何违背法律目的和精神，以损害他人正当权益为目的，恶意取得并行使权利、扰乱市场正当竞争秩序的行为均属于权利滥用，其相关权利主张不应得到法律的保护和支持。”本案中，由于首创公司明确抗辩，涉案注册商标权利人案外人唐某剑以及盘古公司的行为是通过恶意抢注“搭便车”，通过诉讼要求高额的赔偿，达到盈利目的。因此，需要依据最高人民法院指导性案例82号明确的上述权利滥用认定规则进行审查，以认定盘古公司指控的首创公司实施了侵害盘古公司享有的第511××××号“爱这城”文字注册商标专用权行为是否成立。

首先，首创公司在该公司开发的“香雪苑”小区入口处的园林背景墙上使用“爱这城”文字系来源于北京首创公司在北京开发的楼盘中使用“爱这城”名称，首创公司没有攀附涉案注册商标商誉的主观故意。根据已经查明的事实可知，“爱这城”文字首先由北京首创公司在其北京开发的楼盘中使用，且在某报的广告宣传中，将“爱这城”文字与英文字母“A－Ztown”一起使用。首创公司在“香雪苑”小区入口处的园林背景墙上使用“爱这城”文字的方式与2005年北京首创公司在某报上的推广使用方式相同。首创公司提供的关于北京首创公司使用“爱这城”文字的相关证据，能够证明首创公司对“爱这城”文字的使用系来源于北京首创公司，法院对于首创公司的该项主张予以采信。

其次，首创公司在本案中使用“爱这城”文字行为不会使相关公众产生混淆，误认为首创公司销售的“香雪苑”小区楼盘，与享有本案注册商标专用权的盘古公司具有关联性。如前所述，我国商标法所保护的商标的基本功能是区分商品和服务的来源。商标法第五十七条第二项规定，未经商标注册人的许可，在同一种商品上使用与其注册商标近似的商标，或者在类似商品上使用与其注册商标相同或者近似的商标，容易导致混淆的，属侵犯注册商标专用权。《最高人民法院关于审理商标民事纠纷案件适用法律若干问题的解释》第八条规定，商标法所称相关公众，是指与商标所标识的某类商品或者服务有关的消费者和与前述商品或者服务的营销有密切关系的其他经营者；第十一条规定，类似服务，是指在服务的目的、内容、方式、对象等方面相同，或者相关公众一般认为存在特定联系、容易造成混淆的服务；《商标注册用商品和服务国际分类表》《类似商品和服务区分表》可以作为判断类似商品或者服务的参考。本案中，涉案商标核定使用的服务，包括：保险；资本投资；艺术品估价；不动产管理；公寓管理；公寓出租；住所（公寓）；经纪；担保；代管产业（截止）等。首创公司作为经营房地产开发、销售的企业，在该公司开发的“香雪苑”小区入口处的园林背景墙上使用“爱这城”文字，应当认定为在房地产开发、销售中使用，由于涉案商标核定使用的服务包括不动产管理，但不包括房地产开发，因此，应当认定首创公司是在与涉案注册商标类似的服务中使用了“爱这城”文字。一审法院认定本案系“商品与服务之间类似”，认定有误，法院予以纠正。根据已经查明的事实，盘古公司虽从案外人唐某剑处取得涉案注册商标专用权授权，但无论是唐某剑还是盘古公司均没有在核定使用的商品上使用涉案商标，且盘古公司明确表示，该公司不从事房地产开发服务，其也没有提供证据证明唐某剑从事房地产开发服务。因此，对于关注房地产开发、销售的有关的消费者和其他经营者而言，不会在看到“香雪苑”小区入口处的园林背景墙上的“爱这城”文字时，与唐某剑、盘古公司产生任何联想。

最后，盘古公司取得和行使涉案注册商标专用权的行为不具有正当性。第一，涉案注册商标由案外人唐某剑于2009年8月7日经国家工商行政管理总局商标局核准注册，而早在2005年，北京首创公司已经在开发的楼盘上使用“爱这城”文字进行宣传，并在某报上刊登，案外人唐某剑可以接触和知悉北京首创公司使用“爱这城”文字进行宣传的情况。第二，“爱这城”本身非汉语中的固定词组，将该文字组合用于指示房地产服务来源，具有较强的固有显著性，依常理判断，在完全没有接触或知悉的情况下，因巧合而出现共同用于区分服务来源的可能性甚小。第三，盘古公司没有提供任何证据证明该公司及唐某剑将涉案商标实际使用于核定使用的服务，相反，盘古公司提供的其与唐某剑的《品牌授权管理合作协议》及亚太广告宣传等证据，恰恰证明盘古公司取得本案注册商标专用权的目的，就在于通过许可他人使用涉案注册商标使用权而获利，并且依约与唐某剑分配获利，无论是唐某剑，还是盘古公司取得涉案注册商标专用权的目的均不是通过真实使用商标取得商誉，唐某剑、盘古公司对于注册商标专用权的取得都不具有正当性。据此，根据前述最高人民法院指导性案例82号确立的权利滥用认定规则，可以认定盘古公司以非善意取得的商标权对首创公司的使用行为提起的侵权之诉，构成权利滥用，其与此有关的诉讼请求不应得到法律的支持。

综上，首创公司在本案中使用“爱这城”文字的行为，主观上不具有攀附涉案注册商标商誉的意图，客观上也不会使相关公众对正确识别相关服务来源形成障碍，盘古公司以非善意取得的商标权对首创公司的使用行为提起的侵权之诉，构成权利滥用，盘古公司主张首创公司在本案中使用“爱这城”文字的行为构成商标法第五十七条规定的侵犯注册商标专用权行为的诉讼请求，无事实和法律依据，不应得到支持。由于盘古公司主张首创公司在本案中使用“爱这城”文字的行为构成商标法第五十七条规定的侵犯注册商标专用权行为的诉讼请求不成立，因此首创公司无需承担相应的民事法律责任。

综上所述，一审法院判决驳回盘古公司的诉讼主张，并无不当，法院予以维持。但一审判决认定事实有瑕疵，适用法律亦有瑕疵，法院予以纠正。盘古公司的上诉请求不能成立，应予驳回。

天津市高级人民法院依照《中华人民共和国民事诉讼法》第一百七十条第一款第一项，《最高人民法院关于适用〈中华人民共和国民事诉讼法〉的解释》第三百三十四条规定，判决如下：

驳回上诉，维持原判。

【法官后语】

从一、二审的判决中可以看出，仅仅将商标用于广告宣传，对商标进行象征性的使用，不能作为商标权人对注册商标进行了实际使用的证据。那么何为商标的实际使用？需要什么样的证据才能达到证明实际使用的目的？

一、商标实际使用的法律界定

我国商标法第四十八条对何为商标的使用以例示的方式作出了规定："本法所称商标的使用，是指将商标用于商品、商品包装或者容器以及商品交易文书上，或者将商标用于广告宣传、展览以及其他商业活动中，用于识别商品来源的行为。"商标局在对连续三年不使用的注册商标的行政审查中对商标使用的判定与商标法上述规定基本一致，如《商标审查及审理标准》第七章撤销注册商标案件审理标准5.3.1规定"商标的使用，是指商标的商业使用。包括将商标用于商品、商品包装或者容器以及商品交易文书上，或者将商标用于广告宣传、展览以及其他商业活动中，用于识别商品来源的行为。"《商标审查及审理标准》在其规定中又分别对商标使用在指定商品上及使用在指定服务上的具体表现形式，以例示式的方式进一步作出了更加细化的规定。

从上述规定可以看出，商标使用的构成要件主要有两个：(1) 必须在商业活动中使用；(2) 使用的目的在于识别和指示商品的来源。区分商品和服务来源是商标的基本功能，一商标经权利人用于其生产销售的商品上，通过长期推广和使用，能够增加消费者对其商品的认知度和熟悉度，随着该商品不断地在市场出现，通过市场占有率、曝光率、知名度的提高，逐渐会使得消费者建立商品和商标之间一一对应的联系。这种对应联系的建立，一方面能激励商标权人不断提升商品品质、扩大生产、占有市场以获取商业利益，另一方面又使得消费者逐渐建立对品牌的信任，减少购物时的选择困难。商标法为商标权人划定注册商标专用权的目的也在于通过赋予商标权人一定程度和范围内的具有支配性和排他性专属权利，鼓励其不断在商业活动中，使用其商标，实现商标的经济价值。

另外，从商标的使用主体来讲，只有特定的主体将商标用于商业活动之中，发挥商标的识别功能的使用，才可以认定为商标的实际使用。如果他人是在未经商标权人知晓或许可的情况下，对注册商标进行使用，该种使用行为不能被商标权人拿来作为认定对商标实际使用的有效证据。既然商标权人通过商标法而获得了对某一标识的专属权利，其依法对该标识的商业性使用即成为其应承担的义务。关于商标的使用主体，《最高人民法院关于审理商标授权确权行政案件若干问题的意见》(以下简称《意见》) 规定："商标权人自行使用、许可他人使用以及其他不违背商标权人意志的使用，均可认定属于实际使用行为""除签订商标使用许可合同的方式许可他人使用外，商标注册人还可能以其他方式允许他人使用，如在未签订商标使用许可合同的情况下，由其子公司或者关联公司使用，或者虽然商标注册人和被许可人均未使用，但在商标注册人并无异议（或者不违背商标注册人的意志）的情况下由被许可使用的人允许其子公司或者关联公司使用"。由此可知，必须是商标权人本人的使用或者基于其意志之上的使用，才符合法律规定的商标使用，除此之外的对商标的使用行为，不能作为商标使用的证据。

二、非商标使用的情形

根据最高人民法院《意见》的规定："没有实际使用注册商标，仅有转让或许可行为，或者仅有商标注册信息的公布或者对其注册商标享有专有权的声明等的，不宜认定为商标使用。"这是对非商标使用的概括性规定，在《商标审查及审理标准》中对非商标使用行为作出了具体的规定："仅提交下列证据，不视为商标法意义上的商标使用：(1) 根据商品销售合同或提供服务的协议、合同；(2) 书面证言；(3) 难以识别是否经过修改的物证、视听资料、网站信息等；(4) 实物与复制品""以下情形，不被视为商标法意义上的商标使用：(1) 商标注册信息的公布或者商标注册人关于对其注册商标享有专用权的声明；(2) 未在公开的商业领域使用；(3) 仅作为赠品使用；(4) 仅有转让或许可行为而没有实际使用；(5) 仅以维持商标注册为目的的象征性使用"。

对商标使用的认定归根结底要把握好两个方面：第一，主观上有真实的使用意图；第二，客观上有实际的使用行为。所谓真实的使用意图，关键是看使用人是否有将其商标用于发挥其识别区分功能的目的。如果仅将其注册商标作为诉讼谋利的手段，或者在商标被核准注册后待价而沽，单纯用于转让获利；或者仅签订许可合同，而未实际使用。上述行为显然无法发挥商标的功能，从客观行为推导其主观上并无用于商业活动的目的，而仅仅是一种商标投机行为。实际的使用行为，是一种在商业活动中的使用行为，符合商标法第四十八条规定的，用于识别商品来源的商标使用行为。仅作为赠品而使用，或只是对商标的象征性使用，从其外在的使用方式上难以认定其为商标的实际使用行为。

三、不实际使用商标的法律后果

“商标的生命力归根结底在于实际使用”，对商标注而不用，不仅不符合商标法的立法目的，而且是一种商标资源的浪费，他人使用商标的目的也无法实现。为了督促商标权人对其商标进行商业性使用，防止资源及权利的浪费，商标法对怠于使用商标的行为，设定了一定不利的后果。如商标法第四十九条第二款规定的“撤三”：“注册商标成为其核定使用的商品的通用名称或者没有正当理由连续三年不使用的，任何单位或者个人可以向商标局申请撤销该注册商标。商标局应当自收到申请之日起九个月内做出决定。有特殊情况需要延长的，经国务院工商行政管理部门批准，可以延长三个月。”再如，第六十四条第一款规定的“侵权不赔偿”“注册商标专用权人请求赔偿，被控侵权人以注册商标专用权人未使用注册商标提出抗辩的，人民法院可以要求注册商标专用权人提供此前三年内实际使用该注册商标的证据。注册商标专用权人不能证明此前三年内实际使用过该注册商标，也不能证明因侵权行为收到其他损失的，被控侵权人不承担赔偿责任”。

当然，法律作出上述规定，其目的并不在于积极地撤销已经获得核准注册的商标，而在于督促消极的不实际使用商标的行为，督促商标的使用。“应当注意的是，该条款的立法目的在于激活商标资源，清理闲置商标，撤销只是手段而不是目的”“注册商标如果长期搁置不用，该商标不仅不会发挥商标的功能和作用，还会妨碍他人的注册、使用，从而影响到商标制度的良好运转。”正如西方法律谚语所言：“法律不保护权利上的睡眠者”，商标法规定“撤三”及“侵权不赔偿”重在督促权利上的睡眠者积极行使其权利，促进商标发挥应有的经济价值。

四、本案具体分析

本案中原告提交的使用注册商标的证据为，将商标用于宣传的广告页“爱这城，爱这城，爱这家，爱尚生。都市人的心灵居所，海泽盛悦，浪漫之夜。览都市美景，享人生温馨　爱这城，爱这家，海悦品质，尽享奢华”。暂且不评价广告中使用的“爱这城”是对其商标的使用还是对“爱上这座城”的缩写，即使认定其曾将商标用于广告宣传，该商标于2009年被核准注册后，至原告2017年提起本案诉讼时，已长达八年，无论是商标权人还是商标被许可给本案原告之后，在八年的商标有效期内仅有这一次的广告使用行为，而这仅有的一次使用行为其目的也只是对“爱这城”商标的推广，却并没有相对应的楼盘。故此，无论是从商标权利人的主观意图还是客观使用行为上来讲，均不能认定原告刊登广告推广其“爱这城”商标的行为，构成法律意义上的商标性使用。

编写人：天津市第二中级人民法院　史凡凡

17

商标授权期满后继续使用并作为企业名称的构成侵权

——上海金伯利公司诉北京金伯利公司、关某侵害商标权及不正当竞争案

【案件基本信息】

1. 裁判书字号

北京知识产权法院（2019）京73民终2089号民事判决书

2. 案由：侵害商标权纠纷及不正当竞争纠纷

3. 当事人

原告（被上诉人）：上海金伯利公司

被告（上诉人）：北京金伯利公司、关某

【基本案情】

上海金伯利公司于2000年7月31日经核准登记设立，2014年1月28日注册了第9898112号“金伯利”商标，2017年4月14日注册了第17747183A号“金伯利钻石 Kimberlite Diamond”商标。原告上海金伯利公司以委托制作合同、会展服务租赁服务协议书等证据证明其持续通过各种方式对“金伯利”商标进行深入宣传，具有较高知名度。2017年6月22日，被告北京金伯利公司经核准登记成立，经营范围包含销售珠宝首饰。后北京金伯利公司经上海金伯利公司授权，在西单商场开设“金伯利”品牌专柜，于2017年8月1日以第三方代理模式入场经营，授权起始时间为2017年7月，授权截止日期为2018年2月21日。原告主张被告北京金伯利公司在明知字号“金伯利”为公众熟知并具有市场知名度的情况下注册成立，有明显攀附原告商誉的故意，侵害了原告字号权，该公司经营范围包含销售珠宝首饰，与原告的经营范围一致，造成了相关公众的混淆、误认，严重侵害了原告的知识产权和商业利益。原告上海金伯利公司作为“金伯利”注册商标专用权人，委托证人谢成成于2018年5月15日前往西单商场金伯利专柜购买彩金项链一条，发现被告仍然在专柜的店铺招牌上使用“金伯利钻石”商标，服务卡和《销货凭证》上也标有金伯利注册商标，并且在金伯利品牌专柜销售非金伯利品牌产品。2018年5月30日，原告上海金伯利公司向北京市工商行政管理局西城分局举报被告北京金伯利公司侵犯其商标权。根据西单商场2018年6月12日出具的商场举报通知，确认2018年6月5日为北京金伯利公司西单商场柜台停止营业的时间。此外，原告主张被告关某既实施了侵权行为，又不能证明被告北京金伯利公司的财产独立于其个人财产，应对被告公司债务承担连带责任。

【案件焦点】

1. 北京金伯利公司在西单商场专柜店铺招牌上使用“金伯利钻石 Kimberlite Diamond”商标、销售彩金项链、使用印有“金伯利”字样的服务卡和销货凭证，其行为是否侵害原告商标权及应承担的法律责任；2. 北京金伯利公司以“金伯利”作为其字号是否侵害上海金伯利公司的字号权、构成不正当竞争以及应承担的法律责任；3. 关某是否应承担连带责任。

【法院裁判要旨】

北京市西城区人民法院经审理认为：首先，关于北京金伯利公司的行为是否侵害原告商标权的认定。本案原告上海金伯利公司系第 9898112 号“金伯利”注册商标和第 17747183A 号“金伯利钻石 Kimberlite Diamond”注册商标的所有人，核定使用范围均为第 14 类，均包含珠宝首饰、项链（首饰）等，在该商标的有效期内依法享有注册商标专用权。被告北京金伯利公司在 2018 年 2 月 21 日授权截止后，继续在其以珠宝为主要销售对象的专柜招牌上突出使用“金伯利钻石 Kimberlite Diamond”商标，销售非金伯利品牌的彩金项链、使用印有“金伯利”字样的服务卡和销货凭证，该种使用具有标识商品来源的目的，其行为落入商标保护范围。因所使用的商标主要认读部分均为横向排列的汉字“金伯利”，按照国内消费者的认读习惯，商标的呼叫、字形完全相同，易使相关公众对商品的来源产生误认或者认为其来源与原告注册商标的商品有特定的联系，属于商标法意义上在类似商品上使用与注册商标相同以及近似的商标的行为。其次，关于北京金伯利公司以“金伯利”作为其字号是否侵害上海金伯利公司字号权的认定。本案原告上海金伯利公司与被告北京金伯利公司均为经营者，其经营范围均包含珠宝首饰的销售，二者之间存在竞争关系。原告上海金伯利公司在各项广告宣传活动中，均使用企业冠名、品牌展示等方式进行，在“金伯利”既是其企业名称，又是其注册商标的情况下，因企业名称的广泛使用会使商标知名度提升，而商标知名度的提升同时又使企业名称对应商誉得以积累，故而商标与企业名称之间存在彼此牵连、互相促进的关系。上海金伯利公司的字号“金伯利”为有一定影响的企业名称，在无证据表明北京金伯利公司经上海金伯利公司同意的情况下，其擅自使用上海金伯利公司的企业字号“金伯利”作为企业名称，具有攀附上海金伯利公司企业名称知名度的恶意，足以引人误认为是他人商品或者与他人存在特定联系，构成不正当竞争，应当承担停止侵害、赔偿损失等民事责任。最后，关于关某是否应承担连带责任的认定。关某作为北京金伯利贸易公司的法定代表人，其行为与公司行为之间存在重合和交叉，本案中无论是未经授权的商标使用行为，还是字号使用的不正当竞争行为，均系关某以公司名义、为公司利益、从事公司业务而进行，故其行为后果必当归属于公司。关某在原告公司员工盛碧瑜告知其需要补交西单商场专柜出货的款项后，以自己账户向原告转账 5978 元，附言为北京西单商场货款。由于关某既未能对此作出合理解释，亦未提交证据证明此笔款项来源于公司账户，公司财产独立于其个人财产，故其应当对公司债务承担连带责任。

综上，依照《中华人民共和国民法总则》第六十一条，《中华人民共和国商标法》第三条第一款、第四十八条、第五十六条、第五十七条第一款第一项、第二项，《中华人民共和国反不正当竞争法》第六条，《中华人民共和国公司法》第六十三条，《最高人民法院关于审理商标民事纠纷案件适用法律若干问题的解释》第九条，《中华人民共和国民事诉讼法》第六十四条第一款、第六十九条之规定，判决：

一、被告北京金伯利公司于本判决生效之日起立即停止侵害原告上海金伯利公司第989××××号“金伯利”注册商标和第17747××××号“”注册商标专用权的行为；

二、被告北京金伯利公司于本判决生效之日起十五日内向有关工商行政管理机关变更其企业名称，更名后的企业名称中不得含有“金伯利”字样；

三、被告北京金伯利公司于本判决生效之日起十日内赔偿原告上海金伯利公司经济损失3万元及合理开支2万元，被告关某对北京金伯利公司的上述债务承担连带责任；

四、驳回原告上海金伯利公司的其他诉讼请求。

被告北京金伯利公司、关某不服原审判决，提起上诉，二审法院同意一审法院裁判意见。

【法官后语】

本案涉及两个焦点问题，一是商标授权期满后继续使用商标的行为性质认定，二是对商标权与企业名称权冲突的处理。

针对第一个问题，经营者在其专柜店铺的门头招牌及内部装潢上使用商品商标、将商品商标用于其他品牌产品的销售以及使用印有该商标的服务卡和销货凭证等行为，属于在商品上使用商标的延伸，而不是服务行为。依据商品商标的权利用尽规则，即使授权期满，被授权方仍然可以销售已经进购的产品。但是，期满后被授权方以其他形式继续使用商标的行为等同于未经授权的使用行为，如果具有明显恶意还可能纳入判赔因素。就本案而言，涉案商标为商品商标，商标许可使用期满后，被告未经商标注册人许可，将其商标继续使用于店铺门头、店内装潢，将印有商标的服务卡、销货凭证用于其他品牌商品的销售，属于商标法五十七条第一款在同一种商品上使用与其注册商标相同的商标，构成商标侵权。

针对第二个问题，商标权和企业名称权属于不同的请求权，标识的影响力范围决定其受保护的强度和权利边界范围。当原告同时主张其商标权与字号权受侵害时，应分别进行评价而不能择一裁判。根据《最高人民法院关于当前经济形势下知识产权审判服务大局若干问题的意见》的相关规定，企业名称的合法外衣不能作为侵权者的抗辩理由，即使有工商登记等合法形式，只要实体上构成商标侵权或不正当竞争的，均应依法认定构成商标侵权或不正当竞争。若企业名称因突出使用而侵犯在先注册商标专用权的，依法按照商标侵权行为处理；若企业名称未突出使用但其使用足以产生市场混淆、违反公平竞争的，依法按照不正当竞争处理。

具体到本案，商标权与企业名称权的冲突表现为两种形式：一是被告登记注册的企业字号是原告知名商标，使得他人对其商品或服务的来源产生混淆，二是被告登记注册的企业字号是原告在异地同行业享有一定知名度的企业字号，易使消费者误认为两企业间存在某种关联关系。本案“金伯利”既是原告注册商标又是其企业字号，原告有权同时主张商标权与字号权受到侵害，对于被告将金伯利注册为企业字号的行为应分别进行评价。一方面，被告虽将原告的注册商标用于其企业名称，但未进行突出使用，此行为不构成侵害商标权，因其违反诚信原则，易使相关公众产生误认，故认定为不正当竞争。另一方面，原、被告经营范围均包含珠宝首饰的销售，二者之间存在竞争关系。被告在企业注册登记时，明知原告企业字号具有一定市场知名度，却在没有任何权利基础的情况下作为自己的企业字号使用，满足以下四个条件：(1) 被侵权经营者的企业字号有一定市场影响力和知名度；(2) 经营者明知或应知他人享有权利的字号已具有知名度，有不正当竞争的主观恶意；(3) 经营者与知名字号经营者从事同一行业，具有竞争关系；(4) 可能造成相关消费者对商品或服务主体产生混淆，误认为两者之间存在关联关系。因此，被告将“金伯利”作为企业字号注册登记的行为构成不正当竞争。

编写人：北京市西城区人民法院　黄秋平　肖亚

三、商标行政纠纷

18

类似商品的判断差别

——果园老农公司诉国家知识产权局、农夫山泉公司商标不予注册复审行政案

【案件基本信息】

1. 裁判书字号

北京市高级人民法院（2019）京行终765号行政判决书

2. 案由：商标不予注册复审行政纠纷

3. 当事人

原告（上诉人）：果园老农公司

被告（被上诉人）：国家知识产权局、农夫山泉公司

【基本案情】

诉争商标系第1375××××号“果园老农”商标，由农夫山泉公司于2013年12月17日向原国家工商行政管理总局商标局（以下简称商标局）提出注册申请，指定使用在第31类的植物、芝麻、新鲜水果、新鲜蔬菜等商品上。

引证商标一、二、三分别系第680××××号“果园老农及图”商标、第448××××号“果园老农 Orchard peasant 及图”、第341××××号“果园老农 Orchard peasant”商标，均由果园老农公司于诉争商标申请日前向商标局提出注册申请，分别核定使用在第29类的果肉、加工过的开心果、葡萄干、话梅、食用油脂、以果蔬为主的零

食小吃等商品上。

2016 年 7 月 6 日，商标局决定对诉争商标不予注册。农夫山泉公司不服，向原国家工商行政管理总局商标评审委员会（简称商标评审委员会）提出商标不予注册复审申请，并提交了该公司荣誉、经济指标等证据。2017 年 8 月 1 日，商标评审委员会作出商评字［2017］第 94923 号《关于第 1375××××号“果园老农”商标不予注册复审决定书》（简称被诉决定），认定：诉争商标的申请注册构成《中华人民共和国商标法》（简称商标法）第三十条所指情形。商标评审委员会决定对诉争商标不予核准注册。

另查，已生效的（2014）一中知行初字第 1450 号行政判决所涉主体、在案证据、涉案商标标志及商品类别与本案基本相同，该案认定农夫山泉公司申请注册的第 7681426 号“果园老农”商标与引证商标三构成使用在类似商品上的近似商标。

【案件焦点】

诉争商标指定使用的植物、新鲜水果、新鲜蔬菜等商品分别与引证商标一、二、三核定使用的商品是否构成类似商品。

【法院裁判要旨】

北京知识产权法院经审理认为：诉争商标与引证商标一、二、三分别构成近似标志。诉争商标指定使用的商品，属于未经加工制作的田地产物；而三个引证商标核定使用的商品，属于经过人工炒制、加工过的零食小吃。两类商品在生产部门、销售渠道上存在一定差别，并未构成类似商品。商标评审委员会认定结论有误。北京知识产权法院判决：一、撤销被诉决定；二、国家知识产权局针对诉争商标重新作出审查决定。

果园老农公司不服，提起上诉。北京市高级人民法院经审理认为：商品是否类似的判断并非简单的物质分类，而是商标法框架下的法律判断。本案类似商品判断应充考量以下因素：（1）充分考虑（2014）一中知行初字第 1450 号行政判决的认定；（2）农夫山泉公司提交的使用证据并非诉争商标的使用，农夫山泉公司引以知名的品牌亦非诉争商标；（3）农夫山泉公司在第 31 类的相关商品上已申请注册“农夫果园”商标，又进一步申请诉争商标，有违商业标志市场边界厘清以及最大限度划分权利范围的商业诚信；（4）引证商标三于 2010 年～2013 年已被认定为北京市著名商标，农夫山泉公司对其申请与引证商标标志基本相同的诉争商标未作合理解释，行为难谓正当。

因此，诉争商标与各引证商标分别核定使用的商品之间为原材料、半成品与成品的关系，商品流通环节交叉重合度较高。随着市场交易状态的变化以及产品在生产、流通及消费等方面的多元化，相关公众基于对商品的通常认知和一般交易观念，诉争商标若与各引证商标共同使用于市场，易使相关公众对商品来源产生混淆误认。诉争商标的申请注册构成商标法第三十条所指情形。北京市高级人民法院判决：一、撤销一审判决；二、驳回农夫山泉公司的诉讼请求。

【法官后语】

商标权是标志与商品相结合形成的权利。离开标志，单独对商品作区分是没有价值和意义的。因此，《类似商品和服务区分表》主要是依据商品或服务的自然属性及形态特征进行分类，目的为商标权的产生提供一个相对固定的划分基础，也是为行政管理提供便利以及在判断商标和服务类似与否时作为有力的参考。

司法实践中，对于商标申请驳回复审行政案件，基于行政效率、行政授权的稳定以及权利公示的要求等，一般以案件审理时的《类似商品和服务区分表》作为判断构成类似商品或者服务的依据，推定在同一类似群商品上的相同或近似商标共存，即有市场混淆的可能性。但对于商标不予注册复审、商标权无效宣告请求行政案件，由于商标权在市场中的作用已有体现，应结合标志的近似程度、商标的显著性和知名度、商业使用中的公众认知以及商标的实际使用状态等因素，检验商品在功能、用途、生产部门、销售渠道、消费群体等方面或者服务在目的、内容、方式、对象等方面的重合程度，进而判断商品或服务是否类似。该情况下，一般以案件审理时《类似商品和服务区分表》作为判断构成类似商品或者服务的参考，最终以商标是否容易导致混淆作为判断标准。

上述区分认定符合商标权的形成、管理和使用的基本规律。以混淆可能性为判断标准与商标民事侵权认定也是一致。因此，在商标不予注册复审、商标权无效宣告请求行政案件中，结合个案情况，对类似商品进行法律判断是至关重要的。

本案中，诉争商标指定使用的新鲜水果、新鲜蔬菜等商品分别与各引证商标核定使用干果、以果蔬为主的零食小吃等商品虽然在生产部门、销售渠道等方面有所差别，但功能、用途相近，消费群体相同。在目前的商业环境下，原材料、半成品与成品的商业流通交叉重合程度较高，多元化商业模式导致上述商品由同一主体提供亦较常见。同时，考虑诉争商标与各引证商标标志文字含义相同，诉争商标的申请注册有违诚信以及引证商标已具有一定的知名度。在这种情况下，如果两商标在以果蔬为主的零食小吃和新鲜蔬菜等商品上共存，容易使相关公众认为两商标的商品是同一主体提供的，或者其提供者之间存在特定联系。因此，二审法院最终认定诉争商标与各引证商标构成使用在类似商品上的近似商标。

编写人：北京市高级人民法院　孔庆兵

19

商标申请注册主体是否为商标代理机构的司法审查

——两全其美公司诉国家知识产权局商标申请驳回复审行政案

【案件基本信息】

1. 裁判书字号

北京市高级人民法院（2019）京行终9069号行政判决书

2. 案由：商标申请驳回复审行政纠纷

3. 当事人

原告（上诉人）：两全其美公司

被告（被上诉人）：国家知识产权局

【基本案情】

一、诉争商标

1. 申请人：两全其美公司。

2. 申请号：27150528。

3. 申请日期：2017年10月30日。

4. 标志：

5. 指定使用商品（第10类、类似群1005－1007）：奶瓶；避孕套；假肢。

二、被诉决定

2019年5月21日，国家知识产权局作出商评字［2019］第121909号《关于第27150528号“痛就找”商标驳回复审决定书》认定，诉争商标的注册申请违反了2013年修正的《中华人民共和国商标法》（以下简称2013年商标法）第十一条第一款第三项、第十九条第四款的规定，决定：对诉争商标在复审商品上的注册申请予以驳回。

三、其他事实

2018年3月16日，原国家工商行政管理总局商标局（以下简称商标局）作出商标注册申请补正通知书，因申请第10类“疼痛相关矫形用物品；疼痛相关按摩器械；疼痛相关医疗器械和仪器；疼痛相关理疗设备；疼痛相关缝合材料；疼痛相关外科仪器和器械；疼痛相关医用特制家具”表述不规范，建议两全其美公司参照《类似商品和服务区分表》第十一版（2017文本）中的标准名称进行修改。自收到通知书之日起30日内，按照指定内容补正并交回商标局，期满未补正的或者不按照要求进行补正的，此件申请不予受理。2018年5月20日，商标局向两全其美公司公告送达了商标注册申请补正通知书，送达公告刊登在第1600期送达公告中。两全其美公司向原国家工商行政管理总局商标评审委员会（以下简称商标评审委员会）提交《驳回商标注册申请复审申请书》时，其主张的复审请求包括：请求纠正商标局遗漏的7个注册项目。但复审材料中没有两全其美公司就商标注册申请补正通知书的要求向商标局进行补正的材料。

【案件焦点】

原告是否为商标代理机构。

【法院裁判要旨】

北京知识产权法院经审理认为：诉争商标缺乏商标应有的显著性。两全其美公司在申请注册商标时，属于2013年商标法第十九条第四款规定的“商标代理机构”。诉争商标不应予以核准注册，判决：驳回两全其美公司的诉讼请求。

两全其美公司不服原审判决，向法院提起上诉，请求撤销原审判决和被诉决定，并判令国家知识产权局重新作出决定。

北京市高级人民法院经审理认为：第一，关于诉争商标是否违反2013年商标法第十一条第一款第三项的规定，根据2013年商标法第十一条第一款第三项的规定，其他缺乏显著特征的标志不得作为商标注册。诉争商标由中文“痛就找”构成，每个文字上方的“点”为圆形，上方的“横”连接为一线。尽管诉争商标经过些许艺术化设计，但按照一般公众的普遍认知，仍会将其识别为三个汉字“痛就找”。“痛就找”是一个指示性的文字组合，将“痛就找”使用在“奶瓶；避孕套；假肢”商品上，不易被相关公众作为商标加以识别，无法起到区分商品来源的作用，缺乏商标应有的显著性。诉争商标已构成2013年商标法第十一条第一款第三项所规定的情形，属于不应予以核准注册的情形。第二，关于诉争商标是否违反2013年商标法第十九条第四款的规定。对于商标申请注册主体是否为商标代理机构的审查，应以商标注册申请日为准。两全其美公司在申请注册诉争商标时，其营业执照上的经营范围包括“商标代理”和“商标转让”项目。尽管北京市工商局海淀分局于2019年5月17日核准了两全其美公司的新营业执照，删除了“商标代理”等项目，但在本案中仍应认定两全其美公司属于2013年商标法第十九条第四款规定的商标代理机构。诉争商标指定使用的“奶瓶；避孕套；假肢”商品，不属于“代理服务”。因此，诉争商标在上述商品类别上的注册违反了2013年商标法第十九条第四款的规定，属于不应予以核准注册的情形。判决：驳回上诉，维持原判。

【法官后语】

关于商标代理机构的司法审查，应当从两个方面入手：

第一，对相关法条进行文义解释，明确商标代理机构在代理服务之外申请注册商标均属法律禁止情形。2013年修正的《中华人民共和国商标法》（以下简称2013年商标法）第十九条第四款规定，商标代理机构除对其代理服务申请商标注册外，不得申请注册其他商标。对于该条款的适用，实务中曾存在一定的分歧观点。我认为，但是根据法律解释的基本原则，对法律条文的解释应当首先进行文义解释。文义解释是法律解释的起点和终点，其他解释都需以文义解释为基础。如果文义解释的结论是唯一且毫无疑义的，且不会造成体系冲突，则原则上应采纳文义解释的结论。商标法第十九条第四款明确规定，商标代理机构仅可以在“代理服务”上“申请商标注册”，在除此之外的其他商品或服务上则不得申请注册其他商标。因该条款中对于申请注册的商标系商标代理机构自用还是以牟利为目的进行注册未作区分，故无论商标代理机构是基于何种目的进行的注册申请，只要是在代理服务之外的商品或服务上进行的注册申请，均属于该条款禁止的情形。在商标法第十九条第四款的文义可以明确得出前述结论的情况下，对该条款的理解无法仅因立法过程中的前述考虑因素而将其仅限定商标代理机构恶意注册商标进行牟利的情形。

第二，判断是否为商标代理机构，应以诉争商标申请时申请人的经营状态为准。诉争商标申请人主张被诉决定作出时或诉讼过程中其经营范围已不包含“知识产权代理”或“商标代理”服务，其不属于商标代理机构的，不予支持。首先，判断是否为商标代理机构，应当对申请人的营业执照进行审查，如营业执照的经营范围包括“商标代理”“商标转让”等服务项目，结合其实际经营活动，应当认定其符合商标代理机构的条件。另外，如果在申请注册商标时，申请人的营业执照的经营范围包括“商标代理”“商标转让”等服务项目，但是在行政程序或诉讼过程中其经营范围发生了一定变化，如本案在诉讼过程中，北京市工商局海淀分局于2019年5月17日核准了诉争商标申请人两全其美公司的新营业执照，删除了“商标代理”等项目。但是，商标申请人是否属于“商标代理机构”的认定，应以其诉争商标注册时的状态为准。商标申请人在注册申请日之后的状态变化对其申请注册诉争商标之时是否满足“商标代理机构”的要件理应不产生实质性影响，否则会使得该条款极易因商标申请人的状态变化而被规避，亦会导致对于诉争商标的申请注册是否违反2013年商标法第十九条第四款规定的判断难以确定，从而使该条款丧失该条款制度价值。因此，二审仍认定申请人属于2013年商标法第十九条第四款规定的商标代理机构。诉争商标指定使用的“奶瓶、避孕套、假肢”商品，不属于“代理服务”。诉争商标在上述商品类别上的注册违反了2013年商标法第十九条第四款的规定，属于不应予以核准注册的情形。

编写人：北京市高级人民法院　吴静

20

商标授权确权行政纠纷中姓名权益利害关系人认定的范围与扩张

——恒大公司诉国家知识产权局商标权无效宣告请求行政案

【案件基本信息】

1. 裁判书字号

北京市高级人民法院（2019）京行终 5954 号行政判决书

2. 案由：商标权无效宣告请求行政纠纷

3. 当事人

原告（上诉人）：恒大公司

被告（被上诉人）：国家知识产权局

【基本案情】

2013 年 5 月 31 日，陈某然申请注册第 1268××××号“许某印”商标（以下简称诉争商标），核定使用在第 25 类服装、鞋、帽等商品上。恒大公司针对诉争商标提出商标权无效宣告请求，其主张诉争商标的申请注册侵害了其董事长许某印的姓名权、诉争商标具有不良影响，陈某然系以欺骗手段或者其他不正当手段，违反了 2013 年修订的《中华人民共和国商标法》（以下简称 2013 年商标法）第三十二条、第十条第一款第八项、第四十四条第一款的规定。

恒大公司提交了恒大公司出具的《董事长身份证明》，载明：许某印同志，在本公司任董事长职务。并提交许某印及恒大公司其所获的荣誉。

原国家工商行政管理总局商标评审委员会（以下简称商标评审委员会）作出商评字［2018］第 21252 号《关于第 12682811 号“许某印”商标无效宣告请求裁

定书》（以下简称被诉裁定）。被诉裁定认定：恒大公司并非主张“许某印”姓名权的适格主体，其提交的证据中没有许某印本人的授权，故恒大公司主张诉争商标的注册侵害许某印的姓名权，从而违反2013年商标法第三十二条规定的理由应予驳回。故裁定：诉争商标予以维持。

恒大公司不服，向北京知识产权法院提起行政诉讼，请求撤销被诉裁定，判令商标评审委员会重新作出裁定。恒大公司在诉讼中补充提交许某印2018年4月18日出具的授权声明，显示其获知陈某然注册诉争商标，认为系对其姓名权的侵犯，故授权恒大公司针对诉争商标提起无效宣告申请及后续诉讼程序，恒大公司有权委托律师及相关人士代理本案，后附其身份证复印件。恒大公司还提交国家图书馆检索的许某印及恒大公司的各类媒体报道80余篇。

另外，根据中央机构改革部署，商标评审委员会的相关职责由国家知识产权局行使。

【案件焦点】

1. 恒大公司是否有权作为本案利害关系人，以诉争商标的注册损害在先姓名权为由提起商标无效宣告申请；2. 诉争商标的注册是否违反2013年商标法第三十二条关于“申请商标注册不得损害他人现有的在先权利”的规定。

【法院裁判要旨】

北京知识产权法院经审理认为：姓名权作为自然人的一项人身权利，仅在特定情况下可由利害关系人代为行使。恒大公司提交的证据仅能证明许某印在恒大公司任董事长职务，此种任职关系不能当然推定恒大公司有权代替许某印行使其姓名权。恒大公司提交的许某印出具的授权声明并不包含相关的实体权利，亦无法推出诉争商标申请日之前恒大公司即继受取得了许某印的姓名权。综上，恒大公司不具有依据主张姓名权的在先权利人或利害关系人的主体资格。

北京知识产权法院依照《中华人民共和国行政诉讼法》第六十九条之规定，判决：驳回恒大公司的诉讼请求。

恒大公司不服，向北京市高级人民法院提起上诉。

北京市高级人民法院经审理认为：恒大公司提交了许某印的身份证复印件等证据，可以证明许某印对其姓名依法享有姓名权。许某印向恒大公司出具授权声明包含许某印在一定范围内允许恒大公司行使其姓名权的意思表示。根据在案证据可以证明相关公众将“许某印”这一主体识别符号与许某印本人密切相连外，还与恒大公司形成了相对稳定的对应关系。在案证据能够证明恒大公司针对诉争商标提出无效宣告申请与许某印本人的意思表示一致。因此，综合在案证据，恒大公司经许某印的许可后，可以作为利害关系人针对诉争商标提出无效宣告申请的主张，进而维护许某印的姓名权益。诉争商标的申请注册属于擅自使用他人有一定影响的姓名，易导致相关公众的混淆误认，已构成对许某印姓名权益的侵害，违反了2013年商标法第三十二条的规定。

北京市高级人民法院依照《中华人民共和国行政诉讼法》第七十条、第八十九条第一款第二项的规定，判决：撤销一审判决；撤销被诉裁定；国家知识产权局针对恒大公司就诉争商标所提无效宣告请求重新作出裁定。

【法官后语】

姓名不仅是识别自然人主体的重要符号，具有一定知名度的姓名更蕴含着较大的商业价值，故知名人物的姓名被他人抢注为商标并用于经营的情况时有发生。姓名权作为自然人的一项人身权利，应由其自行行使，仅在特定情况下，可由利害关系人代为行使。那么，当他人抢注企业具有重要代表意义的董事长或者法定代表人的姓名作为商标时，企业能否作为商标法意义上的“利害关系人”将抢注商标予以无效，是司法实践中的一个难题。

在现行法律法规未作出明确界定的情况下，对于在先姓名权益的“利害关系人”范围的确定，宜从商标权无效宣告制度的立法本意出发，理解相关术语的含义。将有权以诉争商标违反商标法第三十二条等相对条款为由提出商标权无效宣告申请的主体限定为“在先权利人或利害关系人”，其目的即在于在有效保障在先权利人和利害关系人维护自身合法利益与有效减少乃至避免为谋取不正当利益而恶意提出商标无效宣告的情形之间，寻求合理的平衡。

而商标法所述的“在先权利”，包括“民法通则和其他法律规定的属于应予保护的合法权益”，其不仅涵盖了“姓名”所承载的自然人的人格权，也涉及反不正当竞争法层面上通过规制行为人明知他人姓名而采取盗用、冒用等手段造成相关公众对商品或服务来源发生混淆误认的不正当竞争行为进而产生的“姓名权益”。前者强调了对自然人人格尊严的保护，后者则侧重对于造成相关公众混淆的不正当竞争行为的规制。因此，“有一定影响的姓名”权益的保护，基于该姓名与特定经营者形成了稳定的对应关系而蕴含了一定的经济利益，使得相关公众将该姓名与特定经营者提供的商品或服务相联系。特别是在目前的商业环境下，企业家往往基于品牌营销、广告成本等因素，将其个人与企业品牌整合推广，与其经营的企业和产品紧密相连。因此，企业家的姓名不仅代表着其个人的人格权，很大程度上也承载了其所管理的公司的企业形象和品牌价值。作为公司管理者的企业家，其姓名不仅代表其个人，也与公司及品牌相互影响乃至高度融合。如果在商标行政纠纷中对姓名权益的利害关系人，等同于姓名权的利害关系人，不仅无法适应目前司法实践中诉讼频发的现状，也将造成商标行政审查中法院针对同一问题重复诉讼，造成审判资源的浪费，亦与实质性解决纠纷的司法导向相悖。

因此，结合商标权无效宣告程序中保障在先权益、打击恶意抢注、维护商标注册管理秩序等立法要旨，以及姓名所包含的人身权利及经济利益的具体内容，在商标授权确权行政纠纷中，宜在现有法律框架下，对姓名权益的利害关系人进行适当的扩张。在具体案件中，对于姓名权益的利害关系人的认定，宜从以下几个方面综合考量：一是申请主体与涉案姓名所涉自然人之间是否存在许可使用、合法继受等法律关系；二是申请主体与涉案姓名是否形成稳定的对应关系；三是申请主体所提起的申请商标权无效宣告行为，是否与涉案姓名的权利人的意思表示相冲突。

编写人：北京市高级人民法院　谭乃文

21

抢注名人艺名属于损害他人现有的在先权利

——李某娜诉国家知识产权局商标权无效宣告行政案

【案件基本信息】

1. 裁判书字号

北京市高级人民法院（2019）京行终7285号行政判决书

2. 案由：商标权无效宣告行政纠纷

3. 当事人

原告（上诉人）：李某娜

被告（被上诉人）：国家知识产权局

【基本案情】

2013年8月5日，李某娜向原国家工商行政管理总局商标局申请注册了第13029596号“金龟子”商标（以下简称诉争商标），经核准使用于第41类的教育、培训等服务上，商标专用权期限至2025年8月13日。

2017年10月11日，刘某燕以损害其在先姓名权为由，向原国家工商行政管理总局商标评审委员会（以下简称商标评审委员会）针对诉争商标提出了无效宣告请求。商标评审委员会经过审理，支持了刘某燕的理由，并作出商评字［2018］第158090号关于第13029596号“金龟子”商标无效宣告请求裁定（以下简称被诉裁定），裁定对诉争商标予以无效宣告。

李某娜不服上述裁定，向北京知识产权法院提起行政诉讼称：（1）被告认定刘某燕的艺名“金龟子”在教育领域有一定知名度，事实依据不足。刘某燕作为节目主持人和配音演员，“金龟子”只是其在电视节目中所扮演的角色名称，并非其艺名，且其知名度体现在影视娱乐领域，远未达到教育领域，不能将娱乐节目中角色名称的影响力与教育、培训混为一谈。（2）“金龟子”作为艺名，也是一种昆虫名称，显著性极差，能向外辐射的保护力度不宜人为扩大。刘某燕的影响力远没有达到将“金龟子”与其唯一对应化的程度。（3）2005年11月14日，即有案外人最早在第41类服务上提出了“金龟子”商标的注册申请，此时“金龟子”作为商标性权利已经存在。（4）原告于2007年创业时，想到早教是针对小孩子，小孩子对昆虫都有好奇心，起个昆虫名字也很好，这就是原告最开始使用“金龟子”的缘起。（5）原告努力经营十几年，在南京地区将“金龟子”品牌的早教机构打出知名度，被告不顾事实的无效宣告对原告的经营造成消极影响。综上，请求撤销被诉裁定，并依法重新作出裁定。

【案件焦点】

诉争商标的注册是否侵害了刘某燕就其艺名“金龟子”所主张的在先姓名权。

【法院裁判要旨】

北京知识产权法院经审理认为：在商标确权行政案件中，在先姓名权的保护客体不仅限于当事人的法定姓名，还包括其笔名、艺名等特定名称，只是还应满足以下要件：即其主张的笔名、艺名等特定名称在相关领域具有一定的知名度，与该自然人建立了稳定的对应关系，相关公众以其指代该自然人。本案中，首先，根据刘某燕在评审中提交的证据，可以证明刘某燕自主决定并认可“金龟子”作为其艺名，相关公众亦以“金龟子”指代刘某燕，且“金龟子”在少儿节目相关领域具有较高知名度，并与刘某燕建立起稳定的对应关系。依据上述事实，“金龟子”属于刘某燕的艺名，刘某燕亦可就“金龟子”主张姓名权。其次，根据刘某燕提交的证据，其主持的少儿类节目多为寓教于乐性质的节目，与诉争商标核定使用的“教育、培训”等服务的目的、内容、方式、对象等方面存在较大重合和关联性，尤其是上述服务的相关公众多为少年儿童和他们的家长，其中不乏看过刘某燕所主持的少儿节目的观众，故易使相关公众误认为标注诉争商标的相关服务系经刘某燕许可或与其存在某种特定联系；且根据刘某燕提交的部分媒体报道，诉争商标在实际使用中已出现了导致部分公众对服务来源造成误认的情形。考虑到刘某燕的艺名“金龟子”在诉争商标申请日之前在少儿类节目中已建立起的知名度和与其之间的对应关系，原告在申请注册诉争商标时，应当知晓“金龟子”系刘某燕的艺名这一事实，却仍然在与该艺名具有知名度的相关服务上注册诉争商标，损害了刘某燕对

"金龟子"享有的在先姓名权。据此，诉争商标的注册违反了2014年5月1日实施的《中华人民共和国商标法》（以下简称2014年商标法）第三十二条"申请商标注册不得损害他人现有的在先权利"的规定。

北京知识产权法院依照《中华人民共和国行政诉讼法》第六十九条之规定，作出判决：驳回原告李某娜的诉讼请求。

李某娜不服一审判决，提起上诉。北京市高级人民法院经审理认为：商标法所述的"在先权利"，包括"民法通则和其他法律规定的属于应予保护的合法权益"，其不仅涵盖了"姓名"所承载的自然人的人格权，也涉及反不正当竞争法层面上通过规制行为人明知他人姓名而采取盗用、冒用等手段造成相关公众对商品或服务来源发生混淆误认的不正当竞争行为进而产生的"姓名权益"。前者强调了对自然人人格尊严的保护，后者则侧重对于造成相关公众混淆的不正当竞争行为的规制。故在商标确权行政案件中，在先姓名权益的保护应当从以下几个方面综合考量：一是相关公众是否能够将所涉的姓名、艺名、绰号等主体识别标志与特定自然人建立起对应关系；二是相关公众是否容易认为标有诉争商标的商品或服务系经过该自然人许可或者与该自然人存在特定联系；三是诉争商标申请人是否具有明知他人姓名而盗用、冒用的主观恶意。本案中，根据在案证据显示，刘某燕在1994～2014年间，使用"金龟子"作为艺名主持《七巧板》《大风车》《动画城》等具有较高知名度的少儿节目，于2006年出版的自传《我是金龟子》并在其参加的活动中大量使用"金龟子"艺名，其提交的国家图书馆检索报告和刘某燕所获荣誉中亦使用"金龟子"指代刘某燕。因此，在案证据可以证明相关公众已将"金龟子"与刘某燕建立起对应关系，此为其一。其二，判断混淆与否系指具有发生混淆或者误认的可能性，而非要求必须实际发生混淆或者误认。结合刘某燕主持的少儿节目及其艺名"金龟子"的知名度，诉争商标核定使用的"教育、培训"等服务的相关公众在看到"金龟子"商标时，容易认为标有"金龟子"商标的服务系经过刘某燕许可或者与刘某燕存在特定联系。特别是刘某燕提交的相关微博用户留言以及李某娜所在区域的"南京零距离"媒体发表文章显示，诉争商标在实际使用中已导致部分相关公众对服务来源造成误认。因此，在案证据可以证明，相关公众容易认为标有诉争商标的服务系经过刘某燕许可或者与刘某燕存在特定联系。其三，根据在案证据中显示刘某燕主持的少儿节目及其艺名"金龟子"具有较高知名度，特别是考量诉争商标核定使用的服务对象、内容与“金龟子”艺名赖以知名的领域具有较高的重合度，且李某娜未能对其使用“金龟子”申请诉争商标作出合理解释。在此情况下，可以推定李某娜在申请注册诉争商标时，明知“金龟子”系刘某燕的艺名这一事实，具有较为明显的主观恶意。因此，诉争商标的申请注册损害了刘某燕在先的“金龟子”艺名的合法权益，违反了2014年商标法第三十二条的规定。

北京市高级人民法院依照《中华人民共和国行政诉讼法》第八十九条第一款第一项之规定，作出如下判决：

驳回上诉，维持原判。

【法官后语】

随着近年来我国知识产权司法保护水平的提升，对于商标恶意抢注的规制力度也在不断加强。商标法第三十二条属于直接规范商标恶意抢注的重要条款，其中所规定的“他人现有的在先权利”，包括自然人的在先姓名权。姓名权属于人格权，具有专属性，因而权利人可以主张对未经许可抢注其姓名的商标提出异议或无效宣告。问题在于，姓名作为一种专属的人身符号，该如何界定权利人所主张的客体是否属于其应当依法保护的姓名？是仅限于其法定姓名，还是可以将其所主张的笔名、艺名、译名等特定名称都囊括进来？本案即涉及名人的艺名在商标法中的保护问题。

在传统民事领域中，对姓名权的保护主要体现在权利人有权决定、使用和依照规定改变自己的姓名；但知识产权领域则有所不同，如《最高人民法院关于审理商标授权确权行政案件若干问题的规定》（2020修正）规定，当事人主张诉争商标损害其姓名权，如果相关公众认为该商标标志指代了该自然人，容易认为标记有该商标的商品系经过该自然人许可或者与该自然人存在特定联系的，人民法院应当认定该商标损害了该自然人的姓名权。《中华人民共和国反不正当竞争法》中也有类似规定，经营者不得擅自使用他人有一定影响的姓名（包括笔名、艺名、译名等）的混淆行为，引人误认为是他人商品或者与他人存在特定联系。不难发现，传统民事领域中对姓名权的保护并不要求姓名具有知名度，但知识产权领域则要求姓名要与该自然人建立紧密的对应关系，甚至要具有一定知名度。这是因为，知识产权领域中对他人姓名的侵害主要原因在于该姓名所附着的商业价值，因此，知识产权领域中实质上是将姓名权作为一种商品化权益来保护了。

在“金龟子”案中，两审裁判均从不同的角度体现出上述审理逻辑，即通过在案证据，认定刘某燕的艺名“金龟子”在诉争商标申请日之前在少儿类节目中已建立起一定知名度和与刘某燕之间的紧密对应关系，李某娜在申请诉争商标时，应当知晓“金龟子”系刘某燕的艺名这一事实，却仍然在与该艺名具有知名度的相关服务上注册诉争商标，损害了刘某燕对“金龟子”享有的在先姓名权。从本案中我们也可以看出，在商标授权确权行政案件中，人民法院对于在先姓名权的保护主要考量以下三方面因素：一是相关公众是否能够将所涉的姓名、艺名、绰号等主体识别标志与特定自然人建立起对应关系；二是相关公众是否容易认为标有诉争商标的商品或服务系经过该自然人许可或者与该自然人存在特定联系；三是诉争商标申请人是否具有明知他人姓名而盗用、冒用的主观恶意。

编写人：北京知识产权法院　逯遥

22

文字商标显著性的判断主要考虑文字标志的语境含义

——健盒子公司诉国家知识产权局商标申请驳回复审行政案

【案件基本信息】

1. 裁判书字号

北京市高级人民法院（2019）京行终6417号行政判决书

2. 案由：商标申请驳回复审行政纠纷

3. 当事人

原告（上诉人）：健盒子公司

被告（被上诉人）：国家知识产权局

【基本案情】

原告系诉争商标的申请人。诉争商标的申请号系24608515，申请日期2017年6月9日，商标标志即“脏脏包”。诉争商标指定使用在第30类“面包；小圆面包；馅饼（点心）；三明治；布丁；多谷物面包；葡萄干面包；羊角面包；谷类制品；甜食（糖果）”商品上。

原告向原国家工商行政管理总局商标局申请注册诉争商标被驳回，后向原国家工商行政管理总局商标评审委员会申请复审。原国家工商行政管理总局商标评审委员会经复审认为，申请商标“脏脏包”多被理解为巧克力可颂面包的别称，其用作商标使用在面包、多谷物面包等商品上直接表示了商品的内容特点，不具商标识别作用，已构成2013年修订的《中华人民共和国商标法》（以下简称2013年商标法）第十一条第一款第二项所指的不得作为商标注册的情形。申请人提交的在案证据尚不足以证明申请商标具有可注册性。依照2013年商标法第十一条第一款第二项、第三十条和第三十四条的规定，原国家工商行政管理总局商标评审委员会决定如下：对申请商标在复审商品上的注册申请予以驳回。原告不服该决定，于法定期限内诉至法院。

另查，根据中央机构改革部署，原国家工商行政管理总局商标局、商标评审委员会的相关职责由国家知识产权局统一行使。

【案件焦点】

诉争商标的注册申请是否违反2013年商标法第十一条第一款第二项的规定。

【法院裁判要旨】

北京知识产权法院经审理认为：诉争商标是纯文字商标“脏脏包”，“包”字表示商品类别，显著识别性较弱，因此该商标的主要认读部分是“脏脏”。“脏脏”的原义是“肮脏的，不干净的”，近年来，随着“脏脏包”的热销，各商家纷纷推出“脏脏”系列食品，将“脏脏”与食品名称组合使用成为商家推销的手段和食品的卖点，在此语境下，“脏脏”在原义的基础上产生了新义，成为直接描述食物配料呈现出的浓黑色，或食物沾满黑色粉末或泡沫的形态，以及食客们食用后手上、嘴上沾满黑色食物的“吃相”的词语。诉争商标使用在指定的“面包、小圆面包、馅饼（点心）、三明治、布丁”等商品上，相关公众易将其认读为描述上述商品颜色、形态等特点的词语，而不会将其作为商标来识记。故诉争商标符合2013年商标法第十一条第一款第二项规定的情形，属于直接描述性的商标，无法起到识别商品来源的作用，不具有商标的固有显著特征。

此外，原告提供的证据无法证明诉争商标在指定商品上经过使用在全国范围内具有了足够的影响力、市场占比份额等，使诉争商标在其固有含义的基础上产生了识别商品来源的意义。因此，诉争商标亦未经过使用取得显著特征。

北京知识产权法院判决如下：驳回原告健盒子公司的诉讼请求。

上诉人健盒子公司上诉称："脏脏"二字并非直接描述商品"脏"的特点，也不是对商品内容的描述，未违反2013年商标法第十一条第一款第二项的规定。此外，上诉人提交的证据能够证明，诉争商标已达到知名程度，足以将相关公众将诉争商标与建立起稳定对应关系。上诉人请求撤销一审判决和被诉决定，并判令被上诉人国家知识产权局重新作出决定。

被上诉人国家知识产权局服从一审判决。

北京市高级人民法院同意一审法院裁判意见。二审法院判决：驳回上诉，维持原判。

【法官后语】

在商标申请驳回复审案件中，法官对文字标志的含义的认定十分重要。对于文字标志的含义，首先要考虑它的固有含义，也就是它在字典或辞典中的含义，但文字的固有含义往往不是唯一的，必须结合其语境来确定文字的含义。同样的文字在不同的语境中，其含义可能会有巨大的差别，甚至截然相反。也有一些文字，其固有含义和语境含义是完全不同的，有的本无含义，在一定语境中则会产生含义。涉及商标法第十一条的案件主要是认定诉争商标是否具有显著特征。对于文字商标，就是要结合文字的语境含义分析该文字是否是通用名称，是否是对指定使用商品特点的直接描述，是否会被相关公众视为商标等。

语境分为文化语境与情境语境。文化语境是指看文字的人生活于其中的社会文化背景。情境语境是指文字所处的具体情景。对于文字商标语境含义的把握，也要考虑其文化语境和情境语境。在判断文字商标是否具有显著性时，对于该商标语境含义的把握，具体来说，主要考虑以下三个因素：一是相关公众的社会文化背景和认知水平；二是商标指定使用的商品；三是诉争商标的权利人及其同业经营者在市场中对该文字标志的使用情况。第三个因素与考虑商标标志是否是同业经营者的常用表达方式具有相似之处，但立足点不同，第三个因素立足于商标的含义，强调的仍是商标识别来源主体的作用，而考虑商标标志是否是同业经营者的常用表达方式则立足于公共利益的保护，为了避免同业经营者作为常用表达方式的文字被个别主体通过注册商标的方式所垄断。

文字标志根据其含义，可分为无固有含义的臆造词、有固有含义但无描述性的随意性文字、间接描述性文字、直接描述性文字、广告用语、单一文字、通用名称等类别。无固有含义的臆造词在作为商品标志的语境下只会被相关公众视为商标，所以其显著性最强；而相反，通用名称在作为商品标志的语境下很难被相关公众视为商标，所以其显著性最弱。广告用语、单一文字和直接描述商品特点的直接描述性文字用在商品上也不易被视为商标，显著性也比较弱。有固有含义但无描述性的随意性文字显著性比较强。间接描述性文字仍具有固有显著性。

由于语境因素并非一成不变，文字商标的语境含义也会发生变化。例如，有的商标经过同业经营者的广泛使用成为通用名称，如“U盘”“金骏眉”等。再如本案，诉争商标指定的商品都是食品类商品，目前的市场上已经出现各种热销的“脏脏”系列食品，除“脏脏包”外，还有“脏脏咖啡”“脏脏蛋糕”“脏脏茶”“脏脏披萨”等。也就是说，经过同业经营者的广泛使用，“脏脏”从间接描述性的词语逐渐变成了相关公众所熟知的直接描述食物配料呈现出的浓黑色，或食物沾满黑色粉末或泡沫的形态，以及食客们食用后手上、嘴上沾满黑色食物的“吃相”的词语。所以，诉争商标根据其当前的语境含义缺乏固有显著性。

编写人：北京知识产权法院　王建宏

23

不规范使用汉字的判定

——彭某诉国家知识产权局商标申请驳回复审行政案

【案件基本信息】

1. 裁判书字号

北京市高级人民法院（2019）京行终6805号行政判决书

2. 案由：商标申请驳回复审行政纠纷

3. 当事人

原告（上诉人）：彭某

被告（被上诉人）：国家知识产权局

【基本案情】

诉争商标系第2547××××号“青梅酒肆 QING M TAVERN 及图”商标，由彭某于2017年7月24日向原国家工商行政管理总局商标局（以下简称商标局）提出注册申请，指定使用在第35类的“药品零售或批发服务；饭店商业管理”等服务上。

引证商标一系第1516××××号“青梅煮酒”商标，由亨特自控系统（大连）有限公司于2014年8月15日向商标局提出注册申请，核定使用在第35类的“广告；特许经营的商业管理；进出口代理”等服务上。

引证商标二系第14968704号“青梅网”商标，由李某军于2014年7月28日向商标局提出注册申请，核定使用在第35类的“替他人推销”等服务上。

2018年12月26日，原国家工商行政管理总局商标评审委员会（以下简称商标评审委员会）作出商评字［2018］第251312号《关于第2547××××号“青梅酒肆QING M TAVERN及图”商标驳回复审决定书》（以下简称被诉决定），认为诉争商标与引证商标一、二在文字构成呼叫等方面相近，构成近似商标。诉争商标指定使用的“替他人推销、饭店商业管理”等服务与引证商标一、二核定使用的“替他人推销、特许经营的商业管理”等服务属于同一种或类似服务，二者在上述服务上并存易使相关公众对服务提供者产生混淆或误认，构成商标法第三十条规定所指的使用在同一种或类似服务上的近似商标。彭某提交的证据不足以证明诉争商标能够与引证商标一、二相区分。诉争商标指定使用的“药品零售或批发服务”与引证商标一、二核定使用的全部服务不构成类似服务，二者在该项服务上未构成商标法第三十条所指的情形。诉争商标文字中的“青梅”的书写方式属于不规范汉字，其作为商标使用易产生不良影响，构成商标法第十条第一款第八项所规定的情形，不得作为商标使用。彭某提交的证据不能证明诉争商标具有可注册性。商标评审委员会以诉争商标的申请注册违反商标法第十条第一款第八项规定为由，作出被诉决定，决定：驳回诉争商标的注册申请。

【案件焦点】

诉争商标是否构成对汉字的不规范使用。

【法院裁判要旨】

北京知识产权法院经审理认为：诉争商标由中文“青梅酒肆”、英文字母“QING M TAVERN”和图形构成。“青梅”是不规范书写的字体，作为商标用于市场经营中，易误认、误读、误传，构成了商标法第十条第一款第八项所指情形。诉争商标构成商标法第一条第一款第八项所指情形，诉争商标是否符合商标法第三十条之规定对本案结果无实质影响。

北京知识产权法院依照《中华人民共和国行政诉讼法》第六十九条之规定，判决：驳回彭某的诉讼请求。

彭某不服，提起上诉。北京市高级人民法院经审理认为：商标法第十条第一款第八项规定，有害于社会主义道德风尚或者有其他不良影响的标志不得作为商标使用。本案中，诉争商标由中文“青梅酒肆”英文“QING M TAVERN”及图构成。其中，“青梅”二字虽经一定的艺术处理，但并未改变汉字的整体结构和笔画顺序，不影响公众对“青梅”二字的识别，并非对汉字的不规范使用，不构成商标法第十条第一款第八项规定的情形。

诉争商标与各引证商标的显著认读部分均为“青梅”，在文字构成、呼叫、整体视觉效果上相近，构成近似商标。诉争商标指定使用的除“药品零售或批发服务”外的其他服务分别与引证商标一、二核定使用的服务构成同一种或类似服务。但诉争商标指定使用的“药品零售或批发服务”与引证商标一、二核定使用的服务均不构成同一种或类似服务。基于前述“诉争商标的申请注册不构成商标法第十条第一款第八项规定的情形”，诉争商标指定使用在“药品零售或批发服务”上的注册申请可以予以初步审定。

北京市高级人民法院依据《中华人民共和国行政诉讼法》第八十九条第一款第二项、第三款之规定，判决：一、撤销北京知识产权法院（2019）京73行初1657号行政判决书；二、撤销原国家工商行政管理总局商标评审委员会作出的商评字［2018］第251312号《关于第2547××××号“青梅酒肆QING M TAVERN及图”商标驳回复审决定书》；三、国家知识产权局就彭某针对第2547××××号“青梅酒肆QING M TAVERN及图”商标提出的驳回复审申请重新作出决定。

【法官后语】

汉语言文字的创造、使用与传播源远流长，其音、形、义蕴含着丰富而深邃的内涵，是中华民族记载万象、传递文明、沟通情感的重要方式和中国历史文化传承的重要载体。汉字的字体结构方正平稳，基本上由点、横、竖、撇、捺、提、折、钩“永字八法”为基础笔画要素，再进一步组合成偏旁部首以及整个文字体系的形成。确保市场主体在商标注册和使用中对汉字的规范化、标准化使用，对我国文化制度的健康发展和中华文明及传统文化的良性传承具有重要意义。对文字商标进行艺术化设计，应以规范化使用汉字为前提，否则，将可能破坏汉语言文化的统一性。

《中华人民共和国国家通用语言文字法》第十四条第三项规定，招牌、广告用字，应当以国家通用语言文字为基本的用语用字。在国家工商行政管理总局和国家语言文字工作委员会于1987年9月4日下发的《关于商标用字规范化若干问题的通知》[①] 中规定：商标用字应当规范化，不得使用已被简化了的繁体字和不符合《简化字总表》的各种简体字，不得使用已被淘汰的异体字；商标中使用的各种艺术字，要求书写正确、美观，易于辨认。《商标审查及审理标准》中针对不规范使用汉字的商标标志进行了规定，商标含有不规范汉字或对成语的不规范使用，容易误导公众特别是未成年人认知的，不得作为商标注册。

司法实践中，人民法院将不规范使用汉字的标志纳入商标法第十条第一款第八项所规定的具有“其他不良影响”的情形。在审查判断有关文字商标标志是否构成上述条款所规定的“其他不良影响”的情形时，通常会考虑该标志或者其构成要素是否可能对我国政治、经济、文化、宗教、民族等社会公共利益和公共秩序产生消极、负面的影响，具体分为两种情形：一是对于自造字、多笔画、少笔画等不规范使用汉字的情形易导致公众错误认知的，不准予注册；二是依据汉字的笔画形态对汉字进行设计，打乱汉字原本的笔画排写规范，通过分割、重叠、并置与重复等构成手法的协调互动，在大小、明暗、虚实的得宜对比中，形成布局舒朗有致、空间层次感丰富的动态构成视觉布局，使得商标标志在视觉上更具美感，具备了图形商标的属性，即便在一定程度上其识读性下降，依然可以获准注册。本案中，诉争商标标志中的“青”字的左半部经斜切后与“梅”字上下并置，使得该标志整体上更加美观灵动，且并不影响社会公众对“青梅”二字的认读，不构成汉字的不规范使用，应当获准注册。

编写人：北京市高级人民法院　宋瑶

---

① 已失效，失效依据为《工商行政管理规章、规范性文件清理结果》（中华人民共和国国家工商行政管理局令第1号）。

24

立体商标申请特殊形式要件的审查与认定

——王老吉公司诉国家知识产权局商标申请驳回复审行政案

【案件基本信息】

1. 裁判书字号

北京市高级人民法院（2019）京行终3105号行政判决书

2. 案由：商标申请驳回复审行政纠纷

3. 当事人

原告（被上诉人）：王老吉公司

被告（上诉人）：国家知识产权局

【基本案情】

王老吉公司于2013年3月11日向原国家工商行政管理总局商标局（以下简称商标局）提出第12242987号“加多寶及图”立体商标（以下简称诉争商标）注册申请，指定使用在第32类啤酒等商品上。2014年3月31日，商标局以诉争商标直接表示商品质量等特点为由，驳回该注册申请。王老吉公司向原国家工商行政管理总局商标评审委员会（以下简称商标评审委员会）提出驳回复审申请。商标评审委员会就此作出商评字［2015］第14003号《关于第1224××××号“加多寶及图”（立体商标）商标驳回复审决定书》（以下简称第14003号决定），认定：虽然诉争商标有显著识别部分“加多宝”，但作为立体商标整体不具有显著性，对诉争商标的注册申请予以驳回。王老吉公司不服，提起行政诉讼。北京知识产权法院就此作出（2015）京知行初字第4521号行政判决（以下简称第4521号判决）。该判决认为，诉争商标作为三维标志以及文字组合商标，应当对商标整体是否具有显著特征进行判断。第14003号决定在认定诉争商标的组成部分之一“加多宝”文字及图具有显著识别性的前提下，却认为作为立体商标不具有显著性，自相矛盾。据此，一审法院判决：撤销第14003号决定；商标评审委员会重新作出决定。

商标评审委员会不服第4521号判决，提起上诉。北京市高级人民法院就此作出（2016）京行终3031号行政判决（以下简称第3031号判决）。该判决认为：诉争商标图样仅包含两幅图片，未提交三面视图，依据现有商标图样，无法确定其三维形状。商标评审委员会在重新审查时，应当以王老吉公司提交的商标图样为基础，对其以两幅图片组合形式出现的商标标志是否符合商标注册的要求进行程序上和实体上的审查。据此，二审法院判决：驳回上诉，维持原判。

2017年8月23日，商标评审委员会作出商评字［2015］第14003号重审第1137号《关于第1224××××号“加多寳及图”（立体商标）商标评审案件驳回通知》（以下简称被诉通知），对王老吉公司提出的驳回复审申请予以驳回。被诉通知认定：王老吉公司提交的商标图样仅包含两幅图片，未提交三面视图，无法确定该标志的三维形状，程序上不符合2014年实施的《中华人民共和国商标法实施条例》（以下简称2014年商标法实施条例）第十三条第三款的规定，故驳回王老吉公司的复审申请。

【案件焦点】

商标评审委员会在重新作出被诉通知时未给予王老吉公司补充提交诉争商标三面视图的机会，是否构成程序违法。

【法院裁判要旨】

北京知识产权法院经审理认为：商标评审委员会在依据第3031号判决对诉争商标从程序上和实体上重新进行审查时，应当给予王老吉公司补充提交诉争商标的三面视图机会，而不应以现有图样难以确认三维形状为由，直接驳回王老吉公司的复审申请。据此，依照《中华人民共和国行政诉讼法》第七十条第二项之规定，判决：撤销被诉通知，商标评审委员会重新进行审查。

国家知识产权局不服原审判决，提起上诉，请求撤销一审判决，维持被诉通知。其主要上诉理由为：被诉通知是依照已经生效的第3031号判决作出，程序符合法律规定。原审判决撤销被诉通知，缺乏法律依据，请求二审法院予以纠正。

北京市高级人民法院经审理认为：商标评审委员会在第14003号决定中未援引2014年商标法实施条例第十三条第三款规定，但第3031号判决对诉争商标是否应予注册的理由作出了指引，商标评审委员会根据第3031号判决的指引，依据2014年商标法实施条例第十三条第三款的规定作出本案被诉通知。一审法院认为商标评审委员会在重新作出行政行为时应当给予王老吉公司补充提交诉争商标三面视图的机会，缺乏法律依据。一审判决认定事实及适用法律有误，应予纠正。

北京市高级人民法院依照《中华人民共和国行政诉讼法》第六十九条、第八十九条第一款第二项之规定，二审法院判决：

一、撤销一审行政判决；

二、驳回王老吉公司的诉讼请求。

【法官后语】

本案是一起涉及立体商标申请形式审查的典型案例，主要涉及两个层面的法律问题，一是立体商标申请形式审查的标准问题；二是立体商标形式审查中是否允许补正的问题。

一、关于立体商标申请形式审查的标准问题

立体商标是仅由三维标志或者含有其他要素的三维标志构成的商标。立体商标申请的审查包括形式审查和实质审查两方面，形式审查除普通商标申请的形式要件外，还包括特殊形式要件。

立体商标申请特殊形式要件的法律依据是2014年商标法实施条例第十三条第三款。该款规定对当事人未按要求提交申请文件的后果未予明确。2014年商标法实施条例第十八条第二款规定，商标注册申请手续不齐备、未按照规定填写申请文件或者未缴纳费用的，商标局不予受理，书面通知申请人并说明理由。第五十七条第三款规定："商标评审委员会受理商标评审申请后，发现不符合受理条件的，予以驳回，书面通知申请人并说明理由。"本案中，王老吉公司在提出诉争商标的注册申请时，明确其商标种类为立体商标并指定了颜色。在后续的审查程序中，商标注册主管机关应当根据三维标志商标申请注册的相关规定予以审查。由于王老吉公司在申请注册诉争商标时提交的商标图样仅包含两幅图片，未提交三面视图，据此无法确定其申请商标注册的标志的三维形状，本案不存在进行实质审查的基础。实际上，在本案第一轮行政诉讼中，二审法院即据此对商标评审委员会和一审法院对诉争商标进行实质审查的错误予以纠正，并对诉争商标作为立体商标申请的形式审查标准作出了指引。

二、立体商标申请特殊形式要件审查中的补正问题

商标申请人依照法律规定提交符合规定的申请文件是商标申请注册的应有之义。对于立体商标申请人提交的申请文件不符合要求时，是否应当给予申请人补正的机会，没有明确法律规定。2013年商标法第二十九条规定，在审查过程中，商标局认为商标注册申请内容需要说明或者修正的，可以要求申请人做出说明或者修正。申请人未做出说明或者修正的，不影响商标局做出审查决定。2014年商标法实施条例第十八条第二款规定，商标注册申请手续不齐备的，商标局不予受理，书面通知申请人并说明理由；申请手续基本齐备或者申请文件基本符合规定，但需要补正的，商标局通知申请人予以补正。从上述规定文义看，商标注册申请内容需要修正时，可以要求申请人修正，但并非必须通知当事人补正；商标注册申请手续不齐备、未按照规定填写申请文件的，可以不予受理即直接作出驳回通知；只是对于申请手续基本齐备或者申请文件基本符合规定但需要补正的情形，应当给予当事人补正的机会。上述规定体现了在确保行政审查效率与合理维护当事人利益之间的平衡。

本案中，王老吉公司作为立体商标申请人，向商标审查主管机关提交能够确定三维形状的图样是申请注册立体商标的基本要求。在其提交的申请文件不满足基本要求的情况下，商标审查主管机关直接作出驳回通知，符合商标法及商标法实施条例的上述规定。当然，本案的特殊之处在于商标评审委员会系根据第3031号判决的指引作出的被诉通知。尤其是王老吉公司作为第3031号判决的当事人，其在清楚第3031号判决所作指引的情况下，并未主动补充提交诉争商标的三面视图。在基础事实未发生变化的情况下，商标评审委员会在第3031号判决羁束力范围内作出被诉通知并无不当。

编写人：北京市高级人民法院　苏志甫

25

商标法“其他不正当手段”认定的限定

——东方明日公司诉国家知识产权局商标权无效宣告请求行政案

【案件基本信息】

1. 裁判书字号

北京市高级人民法院（2019）京行终1496号行政判决书

2. 案由：商标权无效宣告请求行政纠纷

3. 当事人

原告（上诉人）：东方明日公司

被告（被上诉人）：国家知识产权局

【基本案情】

诉争商标系第1115××××号“奔富酒园”商标，注册人为东方明日公司，申请日为2012年7月3日，核定使用在葡萄酒、白兰地、鸡尾酒、米酒等商品上。南社布兰兹公司针对诉争商标提起无效宣告请求，原国家工商行政管理总局商标评审委员会作出商评字［2016］第84368号《关于第11157214号“奔富酒园”商标无效宣告请求裁定书》（以下简称被诉裁定），以诉争商标的注册构成2014年施行的《中华人民共和国商标法》（以下简称2014年商标法）第四十四条第一款规定的“以其他不正当手段取得注册”情形为由，裁定：诉争商标予以无效宣告。东方明日公司不服，提起行政诉讼，并提交了203份诉争商标大量使用的证据。

另查，被诉裁定对南社布兰兹公司依据2014年商标法其他相对条款提出的无效宣告理由均未支持，并认定：诉争商标与“Penfolds”商标在文字构成、整体外观等方面差异明显，未形成一一对应关系。此外，原审法院对东方明日公司在一审诉讼程序中提交的203份证据未予认定。在二审诉讼程序中，东方明日公司再次提交了53份证据，用以证明其相关上诉主张和事实依据；南社布兰兹公司补充提交了相关证据用于反驳上诉理由。

【案件焦点】

诉争商标的注册是否构成2014年商标法第四十四条第一款规定的“其他不正当手段取得注册”情形。

【法院裁判要旨】

北京知识产权法院经审理认为：诉争商标的注册构成2014年商标法第四十四条第一款规定之情形。北京知识产权法院判决：驳回东方明日公司的诉讼请求。

东方明日公司不服，提起上诉。北京市高级人民法院经审理认为：从翻译或音译来看，“Penfolds”与“奔富”之间并未形成一一对应关系；在案证据足以证明诉争商标“奔富酒园”在中国大陆地区经过广泛宣传和使用，已形成一定的市场格局及对应的市场价值；“奔富”并非舶来词，早在1986年已被中国企业作为商标申请注册，远早于“Penfolds”商标的申请日。南社布兰兹公司对中文“奔富酒园”商标并无任何在先权利，诉争商标的注册并无在先权利障碍；东方明日公司及其关联公司在酒类商品上申请注册的“木桐夫人”“宾利”等商标实际进行了宣传使用；东方明日公司及其关联公司通过大量使用行为，已与“奔富酒园”之间建立一定的对应关系。综上，诉争商标的注册不宜直接以2014年商标法第四十四条第一款进行规制。被诉裁定、一审判决相关认定与在案事实不符。此外，原审法院对东方明日公司在一审诉讼中提交的大量商标使用证据未予认定亦有不当。

北京市高级人民法院判决：一、撤销一审判决；二、撤销被诉裁定；三、国家知识产权局就诉争商标重新作出裁定。

【法官后语】

近年来，抢注国内外知名商标，囤积商标待价而沽、恶意维权现象较为突出，冲击了正常的商标注册秩序。针对欺骗手段以外的其他不正当手段取得注册的行为，可适用商标法第四十四条第一款“其他不正当手段取得注册”予以规制。需要强调的是，该条款并非“放之四海而皆准”的“万能条款”。若不加限制地对该条款进行扩大适用，无视商标权人基于商标使用而积累的商誉，随意以商标注册损害公共利益为由宣告商标无效，会导致利益失衡，有悖于我国商标先申请制度及使用权保护。

审查判断诉争商标是否属于“其他不正当手段取得注册”，要考虑其是否属于欺骗手段以外的扰乱商标注册秩序、损害公共利益、不正当占用公共资源或者以其他方式谋取不正当利益的手段。同时，根据司法实践，诉争商标申请注册的时间较早，且在案证据能够证明诉争商标申请人对诉争商标具有真实使用意图并实际投入商业使用的，可以根据具体情况，采取审慎态度，认定诉争商标不构成“以其他不正当手段取得注册”的情形。

具体案件的认定，应充分考虑案件的具体事实和商标注册背景、涉案商标的现有商业状况、权利冲突的原因及性质、公共利益是否受损以及受损程度、涉案主体对商标的商业使用和商誉积累做出的贡献程度等因素，不能仅以商标申请注册数量任意扩大适用商标法第四十四条第一款的规定，导致无效请求人不用承担“证明其自己的商标使用且具有高知名度、诉争商标注册存在恶意、混淆”等基本的举证义务，即可利用“损害公共利益”为由，实质上对他人已有的商标私权给予“全商品类别、无期限限制的打击”。

本案“Penfolds”标志与“奔富酒园”中文并非对应翻译关系，诉争商标“奔富酒园”在中国大陆地区经广泛宣传和使用，已形成一定的市场格局和稳定的消费群体。东方明日公司并无囤积商标或转让牟利的情形。不能仅依据东方明日公司及其关联公司曾申请过多件商标，当然认定其上述申请注册商标的行为扰乱了正常的商标注册管理秩序。地域性是商标权保护的一项基本原则。南社布兰兹公司系“Penfolds”商标权利人，但其并未实际使用过“奔富”或“奔富酒园”商标。相反，诉争商标经过东方明日公司在葡萄酒等商品上大量宣传和使用已成为该公司重要资产，若被无效，有违对该商标的商誉和市场价值做出实质性贡献主体的保护，既不符合商标法立法本意，亦不符合基于商标授权后的信赖利益保护。营商环境的塑造目的是为企业提供公平竞争与发展的法治环境，而非强化非公益的干预。现行商标法第四条已修正适用，足以规制不以使用为目的的恶意注册行为。因此，根据在案事实，本案不宜再扩大适用商标法第四十四条第一款的规定。

编写人：北京市高级人民法院　孔庆兵

26

以相同的事实和理由再次提出评审申请情形的判定规则

——乐华恒业公司诉国家知识产权局商标权无效宣告请求行政案

【案件基本信息】

1. 裁判书字号

北京市高级人民法院（2019）京行终9143号行政判决书

2. 案由：商标权无效宣告请求行政纠纷

3. 当事人

原告（被上诉人）：乐华恒业公司

被告（上诉人）：国家知识产权局

【基本案情】

原国家工商行政管理总局商标评审委员会（以下简称商标评审委员会）作出商评字［2019］第11604号《关于第1329××××号“乐华欢乐世界”商标无效宣告请求裁定书》，其中认为：诉争商标未构成对被上诉人在先商号权的损害，故诉争商标的注册未构成《中华人民共和国商标法》第三十二条所指情形，裁定诉争商标予以维持。北京知识产权法院判决撤销被诉裁定，由国家知识产权局重新作出裁定。国家知识产权局、乐华欢乐公司不服原审裁判，向北京市高级人民法院提起上诉。

北京市高级人民法院经审理查明：

1. 2017年4月5日，乐华恒业公司就第1329××××号“乐华欢乐世界”商标提起无效宣告申请。

2. 2018年1月15日，商标评审委员会作出商评字［2018］第7801号《关于第1329××××号“乐华欢乐世界”商标无效宣告请求裁定书》，申请人的主要理由是争议商标与申请人在先申请注册的第1193××××号“乐华恒业”商标构成类似服务上的近似商标，争议商标是对申请人在先使用并有一定影响商标的抢注，易产生不良影响，违反了商标法第三十二条的规定。商标评审委员会裁定驳回无效宣告申请。

3. 针对上述裁定，乐华恒业公司提起行政诉讼。2019 年 8 月 5 日法院作出（2019）京行终 3926 号行政判决书，认定鹏达公司申请注册诉争商标不构成商标法第三十二条规定的以不正当手段抢先注册他人已经使用并有一定影响的商标所指情形。

4. 2018 年 2 月 5 日，乐华恒业公司就第 1329 ×××× 号“乐华欢乐世界”商标提起无效宣告申请。在其提交的《注册商标无效宣告申请书》中载明：申请人的理由包括申请人宣告无效的第 1329 ×××× 号“乐华欢乐世界”商标是由被申请人通过不正当手段抢先注册了申请人现有的在先使用商标。

5. 2019 年 1 月 10 日，商标评审委员会作出商评字［2019］第 11604 号《关于第 1329 ×××× 号“乐华欢乐世界”商标无效宣告请求裁定书》，申请人的主要理由是争议商标由原被申请人通过不正当手段抢注申请人现有的在先使用商标，侵犯了申请人的在先商号权，其违反了诚实信用原则；商标评审委员会认为争议商标的注册未构成对申请人在先商号的损害。

【案件焦点】

乐华恒业公司在评审阶段提交的《注册商标无效宣告申请书》中将鹏达公司通过不正当手段抢先注册了其在先使用并有一定影响的商标作为一项理由提出，商标评审委员会在被诉裁定中对此是否遗漏评审理由，进而构成程序违法。

【法院裁判要旨】

北京知识产权法院经审理认为：乐华恒业公司在商标评审阶段提交的《注册商标无效宣告申请书》中明确将鹏达公司通过不正当手段抢先注册了其现有的在先使用并有一定影响的商标作为一项理由提出，并提供了相应的证据予以证明，但被诉裁定未进行审理，属于遗漏评审理由，构成程序违法，国家知识产权局应当就此重新审理。北京知识产权法院依照《中华人民共和国行政诉讼法》第七十条第一款第三项之规定，判决：一、撤销被诉裁定；二、国家知识产权局重新作出裁定。

北京市高级人民法院经审理认为：《中华人民共和国商标法实施条例》第六十

二条规定，商标评审委员会对商标评审申请已经作出裁定或者决定的，任何人不得以相同的事实和理由再次提出评审申请。2017年4月5日，乐华恒业公司就诉争商标提起无效宣告申请，并提交了其使用“乐华恒业”及“乐华欢乐世界”的证据。商标评审委员会在第7801号裁定书中认定乐华恒业公司引证的为在先注册商标，不符合2014年商标法第三十二条规定的情形。后续行政诉讼程序一、二审法院也已对乐华欢乐公司申请注册的诉争商标是否违反2014年商标法第三十二条“不得以不正当手段抢先注册他人已经使用并有一定影响的商标”规定进行了审理。

基于以上理由，乐华恒业公司在本案的评审阶段将鹏达公司通过不正当手段抢先注册了其现有的在先使用并有一定影响的商标作为一项理由提出，属于以相同的事实和理由再次提出评审申请，商标评审委员会不应予以审查。商标评审委员会未审理乐华恒业公司此项理由，不属于遗漏评审理由，不构成程序违法。

北京高级人民法院依照《中华人民共和国行政诉讼法》第六十九条、第八十九条第一款第二项之规定，判决如下：一、撤销北京知识产权法院（2019）京73行初3328号行政判决；二、驳回乐华恒业公司的诉讼请求。

【法官后语】

商标评审程序由驳回复审程序、不予注册复审程序和无效宣告程序等构成。“一事不再理”原则在商标评审程序中的适用，是指行政机关依据请求人提交的事实对其理由作出决定或裁定之后，无论该决定或裁定生效与否，其都不应当依据同一事实和理由再次作出决定或裁定。“一事不再理”原则的出发点是为了明确请求人对其行为后果的预期，降低商标权人的诉累，减少行政资源和司法资源的消耗。“一事不再理”原则应当在各类商标评审程序中单独适用，跨类别的前案和后案不属于“一事”。本案中涉及的法律问题是对“一事”进行判断的前案和后案所依据的事实的一致性的程度如何把握。乐华恒业公司作为无效宣告的请求人，其请求的理由是商标法第三十二条“不得以不正当手段抢先注册他人已经使用并有一定影响的商标”规定，所依据的事实应当是在诉争商标第1329××××号“乐华欢乐世界”商标申请注册之前，其所持有商标在先使用且具有一定影响的证据。对于这些证据，乐华恒业公司应当是明知的，不应当存在新发生或新发现的证据，如果在前案中其未提交上述证据，应当承担举证不利的后果。如果乐华恒业公司在后案中提交了“新证据”，也应当是其在前案裁决之后新发现的证据，或因客观原因无法取得或在规定的期限内不能提供的证据。如果将与前案行政程序中提交的证据相同或类似的证据，作为新证据，以启动后案行政程序，则“一事不再理”原则和法律规定则形同虚设，注册商标的稳定性将不复存在。如果出现足以推翻前案裁决的新证据，则请求人在后案中依据事实和理由所提出的请求，不应视为“一事”。

商标评审程序“一事不再理”原则中“一事”情形的认定，需要对行政程序中提出无效申请的主体、客体、事实、理由的一致性进行比对，并结合已决行政程序和诉讼程序中的认定结果进行综合判断，以确定前案和后案是否构成“一事”。乐华恒业公司系前案和后案中提出无效申请的主体，两案中其提起无效宣告的诉争商标均为第1329××××号“乐华欢乐世界”商标。乐华恒业公司在前案中提出无效宣告请求的理由是诉争商标对其在先使用并有一定影响商标的抢注，违反了。前案的一、二审判决中，均认定诉争商标的注册并未违反2014年商标法第三十二条的规定。在后案中，乐华恒业公司提起无效宣告请求，包含诉争商标的注册属于对其现有的在先使用商标的抢注的理由，即构成违反2014年商标法第三十二条“不得以不正当手段抢先注册他人已经使用并有一定影响的商标”规定，其在后案评审程序中提交的证据和前案亦一致。乐华恒业公司在后案中提起无效宣告请求所依据的事实和理由和前案一致，均系诉争商标“乐华欢乐世界”是否构成抢注其在先使用的“乐华欢乐城”，前案和后案构成“一事”，且前案中已对该事实和理由进行过认定和处理。

编写人：北京市高级人民法院　闻汉东

四、著作权纠纷

27

市场份额明显较少及不损害行业、消费者利益是网络著作权诉前行为保全措施实施的前提

——某腾公司等申请字节跳动公司诉前停止侵犯著作权案

【案件基本信息】

1. 裁判书字号

重庆自由贸易试验区人民法院（2019）渝 0192 行保 1 号之二民事裁定书

2. 案由：诉前停止侵犯著作权纠纷

3. 当事人

申请人（复议被申请人）：某腾公司、某腾成都公司、某腾重庆公司

被申请人（复议申请人）：字节跳动公司

被申请人：重庆畅娱公司

【基本案情】

申请人称某腾成都公司是手机游戏《王者荣耀》的研发者，对《王者荣耀》游戏及全部游戏内元素（包括但不限于游戏地图、人物形象、游戏场景、道具装备、UI 界面、图标等美术作品、音乐、动画、视频等）享有著作权。经某腾成都公司授权，某腾公司、某腾重庆公司享有《王者荣耀》游戏著作权许可使用权和以自己名义维权的权利。被申请人字节跳动公司与其邀请合作的金 V 认证用户“嗨氏”未经授权在“今日头条”APP 通过信息网络向公众大量传播（以非直播方式）

以《王者荣耀》游戏连续画面为主要内容的游戏录制视频。字节跳动公司经申请人多次通知后，拒绝履行“通知—删除”义务，除申请人授权的今日头条号“王者荣耀”“王者荣耀职业联赛 KPL”发布的游戏视频外，“今日头条”APP 每天仍在持续大量新增《王者荣耀》视频，侵害申请人享有的著作权。被申请人天极畅娱公司在其运营的 52PK 下载中心向用户提供“今日头条”APP 的下载服务，扩大了侵权范围及侵权损害后果，构成共同侵权。被申请人的侵权行为已经给申请人造成了巨大的经济损失，如果不及时制止势必会扩大给申请人造成的难以弥补的损害，采取行为保全的措施不会对社会公共利益造成任何损害。故申请字节跳动公司公司等诉前停止侵犯著作权行为。

【案件焦点】

著作权诉前行为保全的适用条件。

【法院裁判要旨】

重庆自由贸易试验区人民法院经听证程序认为：在无相反证据证明的前提下，某腾成都公司提供了《王者荣耀》游戏软件及游戏元素的著作权登记证书及授权书，故某腾成都公司、某腾公司、某腾重庆公司提起行为保全申请具有权利基础。现有证据显示，用户“嗨氏”未经涉案游戏著作权利人许可，在“今日头条”传播被控侵权游戏视频的行为，具有侵权可能性。申请人两次向被申请人发送举报邮件要求删除包括“嗨氏”在内的用户在今日头条上传的被控侵权游戏视频，但被申请人均未采取合理措施，其主观上具有过错，亦具有侵权可能性。故申请人具有胜诉可能性。“今日头条”国内月活跃用户人数达到 8 亿，包括“嗨氏”、“游戏达人团成员”等在内的众多用户在“今日头条”上传了大量《王者荣耀》游戏视频，且相关游戏视频的数量还在增加。由此可知，上述情况如不及时制止，将很可能显著增加被申请人的维权成本和维权难度。而采取保全措施并不影响被申请人运营的“今日头条”的其他业务的正常开展，对其合法权益损害有限。

重庆自由贸易试验区人民法院依照《中华人民共和国民事诉讼法》第二十八条、第一百零八条，《最高人民法院关于适用〈中华人民共和国民事诉讼法〉的解释》第二十五条、第一百七十一条，《最高人民法院关于审查知识产权纠纷行为保全案件适用法律若干问题的规定》第十八条之规定，裁定驳回字节跳动公司的复议申请。

一、被申请人字节跳动公司立即停止通过“今日头条”APP、toutiaoimg. cn 域名传播（以非直播方式）用户“嗨氏”发布的全部《王者荣耀》游戏录制视频，效力维持至本案判决生效日止；

二、被申请人字节跳动公司立即删除在“今日头条”APP传播（以非直播方式）的带有“王者荣耀”名称的游戏录制视频（由今日头条用户“王者荣耀”“王者荣耀职业联赛KPL”“指法芬芳张大仙”“露娜王解说”“王者荣耀小塔TT”在“今日头条”APP发布的《王者荣耀》游戏视频除外），效力维持至本案判决生效日止；

三、驳回申请人某腾成都公司、某腾公司、某腾重庆讯信息技术有限公司其他行为保全申请。

【法官后语】

《最高人民法院关于审查知识产权纠纷行为保全案件适用法律若干问题的规定》（以下简称行为保全规定）于2019年1月1日实施。本案系该规定实施后全国首例申请诉前停止侵犯著作权行为保全案，虽北京法院在规定实施前已在“钱钟书书信拍卖案”及“唐德影视诉灿星公司中国好声音案”适用诉前行为保全程序，但本案系因对网络游戏画面的利用导致游戏权利人市场份额明显减少而产生的纠纷，该情形在适用行为保全规定时对整个游戏短视频行业具有较大影响，故本案对诉前著作权行为保全条件的适用具有较强的示范效应。

行为保全规定对审查行为保全考虑的因素从胜诉可能性、难以弥补的损害、损害衡平性、是否损害公共利益进行考量。本案中，法院根据初步查明的事实认为，首先，游戏运行画面的创作过程体现创作者对美术、人物英雄设定、技能、战斗主题等元素的思想表达与个性选择，具有独创性，被认定为类似摄制电影方法创作的作品存在较大可能性。因游戏玩家操作所呈现的游戏画面效果均是游戏开发者开发游戏时预设的结果，游戏玩家的操作并不具有著作权法意义上的独创性，不产生新的作品。某腾公司具有权利基础。某腾公司已向字节跳动公司发送举报邮件要求删除包括“嗨氏”在内的用户在平台上传的被控侵权游戏视频，但字节跳动公司公司均未采取合理措施，其主观上具有过错，亦具有侵权可能性。其次，网络游戏具有游戏研发、推广、运营成本高，盈利周期短的特点，如不及时制止侵权行为将导致权利人的市场份额减少和市场机会的丧失，使权利人的合法权益受到难以弥补的损害。今日头条国内月活跃用户人数达到8亿，包括“嗨氏”“游戏达人团成员”等在内的众多用户在“今日头条”上传了大量《王者荣耀》游戏视频，且相关游戏视频的数量还在增加。由此可知，上述情况如不及时制止，将很可能显著增加被申请人的维权成本和维权难度。再次，短视频平台不仅涉及游戏短视频，还有其他类型短视频业务，且诉前禁令也并非对所有游戏短视频的禁止，故从当事人利益平衡的角度来说，采取诉前禁令对字节跳动公司公司造成的损害有限，但不采取诉前禁令对某腾公司造成的损害较大。最后，正如上文分析，对该平台上部分游戏短视频的禁令，并未影响其他视频，对游戏短视频的消费者亦未造成损害。

综上，在涉网络著作权诉前行为保全中，认定“难以弥补的损害”通常应以“权利人市场份额明显较少”来认定；而认定损害衡平性通常应以采取诉前保全措施对该网络运营者是否造成实质损害来认定；认定是否损害社会公共利益通常应以采取诉前保全措施是否对该网络行业的具体运营以及相关消费者利益造成影响来认定。

编写人：重庆自由贸易试验区人民法院　余博

28

直播平台和主播间的权利义务对等原则与法律关系判定

——中国音乐著作权协会诉斗鱼公司著作权侵权案

【案件基本信息】

1. 裁判书字号

北京知识产权法院（2019）京73民终1384号民事判决书

2. 案由：著作权侵权纠纷

3. 当事人

原告（被上诉人）：中国音乐著作权协会

被告（上诉人）：斗鱼公司

【基本案情】

网络主播在被告经营的直播平台进行在线直播，其间播放了歌曲《恋人心》（播放时长1分10秒）。直播结束后，主播将直播过程制作成视频并保存在斗鱼直播平台上，观众可以通过直播平台进行观看和分享。网络主播与被告签订的《直播协议》约定，主播在直播期间产生的所有成果均由被告享有全部知识产权。原告经歌曲《恋人心》的词曲作者授权，可对歌曲《恋人心》行使著作权。原告认为，被告侵害了其对歌曲享有的信息网络传播权，请求法院判令被告赔偿著作权使用费3万元及律师费、公证费等合理开支12600元。

【案件焦点】

网络主播未经授权播放他人音乐作品直播平台或承担侵权责任。

【法院裁判要旨】

北京互联网法院经审理认为：首先，斗鱼平台主播不应是本案被诉侵权行为的侵权主体。其次，斗鱼公司并不是通常意义上的网络服务提供者，其不仅是网络服务的提供者，还是平台上音视频产品的所有者和提供者，并享有这些成果所带来的收益，在这种情况下，虽然其在获悉涉案视频存在侵权内容后及时删除了相关视频，但也不能就此免责。最后，海量的注册用户及直播的即时性和随意性亦不能成为斗鱼公司的免责理由。不能援引《最高人民法院关于审理侵害信息网络传播权民事纠纷案件适用法律若干问题的规定》第八条第二款、第三款之规定免责。综合以上三点，斗鱼公司应对其平台上的涉案视频承担相应的侵权责任。

北京互联网法院依照《中华人民共和国著作权法》① 第八条、第十条第一款第十二项、第四十八条第一款第一项、第四十九条，《最高人民法院关于审理著作权

① 此处指2010年修正的《中华人民共和国著作权法》，其已于2020年修正，本书收录的案例均裁判于其修改生效前，适用的是当时有效的法律法规及司法解释，下文将不再对此进行提示。

民事纠纷案件适用法律若干问题的解释》[①] 第二十五条、第二十六条，《最高人民法院关于审理侵害信息网络传播权民事纠纷案件适用法律若干问题的规定》[②] 第三条之规定，判决如下：

一、自本判决发生法律效力之日起十日内，被告斗鱼公司赔偿原告中国音乐著作权协会经济损失 2000 元；

二、自本判决发生法律效力之日起十日内，被告斗鱼公司赔偿原告中国音乐著作权协会因诉讼支出的合理费用 3200 元；

三、驳回原告中国音乐著作权协会的其他诉讼请求。

上诉人主张斗鱼公司并没有确认对于用户打赏收益，斗鱼公司与主播之间按比例进行分配；音著协提供的《音乐著作权合同》所载的授权期限已届满，是否解除不清楚，一审法院就该事实没有查清。合同受让行为并非侵权，不构成对音著协音乐作品的复制、传播、改编等；斗鱼公司不是涉案视频的内容提供者，而是仅提供了中立的技术、信息存储服务，不构成共同侵权、帮助侵权或单独侵权；斗鱼公司并未因涉案视频获益；斗鱼公司对涉案视频的传播不存在任何过错；音著协诉讼主体不适格；音著协主张的著作权使用费过高。被上诉人音著协答辩称：一审判决认定事实清楚，适用法律正确。

北京知识产权法院经审理认为：一审法院认定事实清楚，适用法律正确，依照《中华人民共和国著作权法》第十条第一款第十二项、第四十九条，《中华人民共和国民事诉讼法》第一百七十条第一款第一项之规定，判决驳回上诉，维持原判。

【法官后语】

一、平台经营者的角色转变

20 世纪 90 年代末，避风港规则的出现为网络服务提供者提供了额外的保护，免除互联网平台内容审查的要求，推动互联网产业的创新发展。然而，互联网平台

---

① 此处指 2002 年发布的《最高人民法院关于审理著作权民事纠纷案件适用法律若干问题的解释》，其已于 2020 年修正，本书收录的案例均裁判于其修改生效前，适用的是当时有效的法律法规及司法解释，下文将不再对此进行提示。

② 此处指 2012 年发布的《最高人民法院关于审理侵害信息网络传播权民事纠纷案件适用法律若干问题的规定》，其已于 2020 年修正，本书收录的案例均裁判于其修改生效前，适用的是当时有效的法律法规及司法解释，下文将不再对此进行提示。

在给社会公众带来获取作品便利的同时，也使得侵权作品的传播速度更快、影响范围更大。同时，平台经营者从中间人到管理者的角色转变使得平台业已偏离了避风港规则预设的“被动的、工具性的、中立的”网络服务提供者的形象，而成为通过技术匹配供需关系，建立信用制度，进而提供更深入的管理和服务的市场“巨无霸”。平台功能和角色的转变必然导致平台义务的变革。

二、被诉侵权行为的责任主体问题

主播与直播平台之间的合作模式主要有两种：一是“主播+平台”，主播与直播平台直接签约，提供直播活动。直播平台为主播提供一定的资源，如直播间、网络资源，并支付约定的报酬及分成，宣传、推广签约主播，对主播进行一定的培训，或者要求签约主播只能在本平台开展直播活动，不得在第三方平台开展直播活动。二是“主播+经纪公司+平台直播平台”，平台通过第三方经纪公司负责对主播的管理。网络主播与经纪公司签约，并进行佣金结算。网络主播不与直播平台直接发生合同关系。经纪公司限制网络主播只能在其指定的一家或者多家直播平台上进行直播活动。

本案中，根据斗鱼公司提交的《斗鱼直播协议》，主播虽然与直播平台之间不存在劳动或劳务关系，但双方约定主播在直播期间产生的所有成果均由斗鱼公司享有全部知识产权、所有权和相关权益，这里面的“所有成果”当然包括涉案视频在内的上传并存放于斗鱼直播平台的视频。虽然主播是视频的制作者和上传者，但因为主播并不享有对这些视频的知识产权和所有权，所以根据权利义务相一致的原则，其不应对视频中存在的侵权内容承担侵权责任。而相应的，既然斗鱼公司是这些成果的权利人，享有相关权益，其自然应对因该成果产生的法律后果承担相应责任。

三、“通知—删除”程序的适用问题

长期以来，“通知—删除”程序的低效，导致权利人的利益保护往往被动。为了更好地维护权利人的利益，2019年3月26日，欧洲议会正式通过《版权指令》，其中最具争议的第十七条重新调整了互联网平台的版权责任，要求网络服务提供者主动过滤侵权内容。从“避风港规则”到“版权过滤规则”，全球版权保护已经从绝对的“技术中立”向“保护创作者”的方向过渡。斗鱼公司所有的斗鱼直播平台不同，凡在斗鱼平台上进行直播的主播均要与斗鱼公司签订《斗鱼直播协议》，在协议中详细约定双方的权利义务、服务费用及结算以及直播方应承担的违约责任，最重要的是约定了斗鱼公司虽不参与创作，但直播方成果的权利属于斗鱼公司，这说明斗鱼公司不仅是网络服务的提供者，还是平台上音视频产品的所有者和提供者，并享有这些成果所带来的收益，在这种情况下，虽然其在获悉涉案视频存在侵权内容后及时删除了相关视频，但也不能就此免责。

四、直播平台的免责事由问题

平台的管理权来源于当事人自愿缔结的服务协议。从外在层面看，主要是为了弥补网络交易环境下政府监管的不足；从内在层面看，消费者权益保护法、食品安全法、电子商务法等赋予平台经营者更重的管理义务，也意味着平台应当拥有更为广泛的管理权力。既然斗鱼公司与每一位在平台上注册的直播方约定直播方在直播期间的所有成果的全部知识产权及相关收益均由斗鱼公司享有，那么其当然应对直播成果的合法性负有更高的注意义务和审核义务。况且，海量用户的存在还会带来巨大的影响和收益，斗鱼公司不应一方面享受利益，另一方面又以直播注册用户数量庞大及直播难以监管而逃避审核、放弃监管，放任侵权行为的发生，拒绝承担与其所享有的权利相匹配的义务。因此，海量的注册用户及直播的即时性和随意性亦不能成为斗鱼公司的免责理由。

编写人：北京互联网法院　李文超　李昕豫

29

可分割合作作品著作权行使规则及作品改编权认定标准

——众得公司诉万达公司等侵害作品改编权案

【案件基本信息】

1. 裁判书字号

天津市第三中级人民法院（2019）津03知民终6号民事判决书

2. 案由：侵害作品改编权纠纷

3. 当事人

原告（上诉人）：众得公司

被告（被上诉人）：万达公司、新丽公司、金狐公司、岳某刚

【基本案情】

《牡丹之歌》于1980年由乔羽作词，吕远、唐诃作曲，蒋大为演唱，是电影《红牡丹》主题插曲。后《牡丹之歌》词作者乔羽将包括《牡丹之歌》在内的词作品著作权授予乔方，乔方转授权给众得公司。授权内容为：(1) 授权人是音乐作品《牡丹之歌》等的歌词文字作品的权利人，享有全部歌词文字作品著作权之财产权利，授权人亦是本条全部音乐作品（合作作品）著作权共有权之财产权利人。(2) 授权人将第一条所述全部歌词文字作品的著作权财产权利之改编权、信息网络传播权、表演权、复制权以独占排他的方式不可撤销的授予被授权人。(3) 授权人将第一条所述全部音乐作品（合作作品）著作权共有权之财产权利之改编权、信息网络传播权、表演权、复制权以独占排他的方式不可撤销的授予被授权人。《五环之歌》系电影《煎饼侠》推广曲，演唱者岳某鹏（岳某鹏的艺名）、MC Hotdog，由岳某鹏、MC Hotdog填词，发行时间2015年6月16日，所属专辑为《煎饼侠电影原声带》。根据岳某鹏陈述，其最早于2011年4月在相声《学歌曲》中演唱过这段歌曲，该段歌曲使用了《牡丹之歌》部分曲作品，涉诉的《五环之歌》是在其相声的基础上融入说唱因素创作的一个更为完整的作品。众得公司主张岳某鹏未经原告授权同意，擅自将《牡丹之歌》歌词改编成《五环之歌》进行商业演出，并在被告万达公司、新丽公司、金狐公司拍摄电影《煎饼侠》中作为背景音乐和宣传MV使用，共同侵害了音乐作品《牡丹之歌》这一歌曲整体的改编权，故请求法院判令万达公司、新丽公司、金狐公司、岳某鹏停止使用电影《煎饼侠》第46分钟至第51分钟有关《五环之歌》的背景音乐，停止《五环之歌》宣传MV的互联网传播，共同承担损失赔偿费用1000000元及合理支出费用100250元及本案全部诉讼费用。

【案件焦点】

1. 众得公司是否对音乐作品《牡丹之歌》享有改编权；2. 众得公司是否有权提起本案诉讼；3. 众得公司关于四被告侵害涉案作品《牡丹之歌》改编权的主张是否成立；4. 众得公司关于赔偿数额的主张是否成立。

【法院裁判要旨】

天津市滨海新区人民法院经审理认为：《牡丹之歌》属于带词的音乐作品，且词和曲分别由不同的作者创作完成。从创作过程看，虽然乔羽与吕远、唐诃形式上分别创作完成了《牡丹之歌》的词和曲，但他们基于共同的创作意图进行了创作，即词作者和曲作者的创作目的是相同的，词和曲表达的主题也是一致的。因此，应认定音乐作品《牡丹之歌》是具有共同合意而创作的合作作品，其著作权归属词作者乔羽及曲作者吕远、唐诃共同享有。在没有特别约定的情况下，该合作作品的著作权应由合作作者共同行使，各个合作作者不能单独行使合作作品的著作权。众得公司仅获得合作作者中词作者的授权，未取得曲作者授权，不能行使合作作品整体著作权。但因涉案作品为可分割的合作作品，众得公司有权就其获得的词作品改编权提起诉讼。改编虽是一种再创作，但通常应当是利用了原有作品包括主题、独创性表达等在内的基本内容，创作空间受到限制。《五环之歌》与《牡丹之歌》的歌词作品从立意到内容均不相同，《五环之歌》歌词构成了全新的作品。因此，《五环之歌》没有利用《牡丹之歌》歌词的主题、独创性表达等基本内容，不构成对《牡丹之歌》歌词的改编，四被上诉人也未侵害《牡丹之歌》歌词的改编权。

天津市滨海新区人民法院判决：驳回众得公司的诉讼请求。

众得公司不服一审判决提出上诉。天津市第三中级人民法院判决：驳回上诉，维持原判。

【法官后语】

本案判决厘清了合作作品的认定、著作权归属、权利行使等是著作权领域的热点问题，对于同类案件具有指导意义。判断某一作品是否为合作作品，其实质就是判定是否进行了共同创作，其核心要素包括具有共同创作的主观意图和共同实施了实质性的创作行为。涉案音乐作品《牡丹之歌》系电影《红牡丹》主题插曲，其歌词和曲谱是由词作者和曲作者根据电影《红牡丹》的拍摄需求分别创作的，词、曲作者虽然没有直接接触，但双方具有共同的创作意图，并实施了共同的创作行为。因此，涉案音乐作品《牡丹之歌》为合作作品，词曲作者共同享有其著作权，在无特别约定的情况下，合作作者之一不能单独行使整个音乐作品的著作权。众得公司未获得曲作者的授权，无权行使《牡丹之歌》音乐作品的著作权。该音乐作品的歌词和曲谱属不同的表达方式，分别体现了词作者、曲作者的独创性，且可以单独使用，词曲作者间就该歌曲也不存在不可以分割使用的约定，故涉案音乐作品《牡丹之歌》属于可分割的合作作品。在不损害作品完整性的前提下，众得公司经词作者授权，就歌词部分可行使著作权的相应权利。

改编他人作品进行再创作是当前热门话题之一，本案判决对于改编作品的独创性如何体现、与原作品的关联性如何把握等问题起到了规范指引作用。著作权法上的改编权是根据原作品创作出具有独创性的新作品的权利。改编是在原作品表达基础上融入一定智力劳动，使之对原作品的改动具备著作权法要求的独创性，从而派生出新的作品。同时，改编依然应以原作品的表达为基础，受到原作品表达的限制。没有利用原作品的独创性表达，完全脱离原作品的表达应当是一种新的创作，并非对原作品的改编。本案中，《五环之歌》歌词没有利用《牡丹之歌》歌词的独创性表达，不构成改编，没有侵犯《牡丹之歌》歌词的改编权。

涉案歌曲具有较高的知名度和影响力，本案裁判结果引发了较为广泛的社会关注和业界人士积极正面的评价。

编写人：天津市第三中级人民法院　王屹松　张培松

30

京剧人物形象实质性相似的判定方法

——沈阳治图公司诉瀚宇东方公司著作权侵权案

【案件基本信息】

1. 裁判书字号

北京知识产权法院（2019）京73民终253号民事判决书

2. 案由：著作权侵权纠纷

3. 当事人

原告（被上诉人）：沈阳治图公司

被告（上诉人）：瀚宇东方公司

【基本案情】

2007 年至 2009 年，郑某志创作完成“招财童子”动漫形象及相关美术、动漫作品，并分别以《招财童子—国粹京剧》《招财童子—好戏连台之凤还巢》为作品名称完成著作权登记。登记证书显示两件作品类型均为美术。其中《招财童子—国粹京剧》作者及著作权人为郑某志，所附图册中包括《招财童子—京剧系列之龙套人生 3》《招财童子—京剧系列之龙套人生 4》《招财童子—国粹京剧时尚版之青衣》《招财童子 - 国粹京剧时尚版之刀马旦》《招财童子—国粹京剧时尚版之小生》《招财童子—国粹京剧时尚版之武生》《招财童子—国粹京剧时尚版之状元》7 个动漫形象，郑某志通过声明已确认上述作品为职务作品，除署名权外，其他著作权均属于沈阳治图公司，未经沈阳治图公司许可，任何人不得以任何理由对“招财童子”动漫形象的任何部分进行使用、复制、修改、抄录、传播或与其他产品捆绑使用、销售。凡侵犯“招财童子”知识产权的行为，均由沈阳治图公司依法追究其法律责任。《招财童子—好戏连台之凤还巢》作者及著作权人登记人为沈阳治图公司。2017 年 9 月，原告沈阳治图公司发现被告瀚宇东方公司在天猫网经营的“瀚宇东方旗舰店”未经原告许可，擅自使用原告享有著作权的《招财童子—京剧系列之龙套人生 3》《招财童子—好戏连台之凤还巢》等美术作品形象，销售了京剧脸谱笔、京剧书签、钥匙扣、京剧 Q 版笔筒、京剧礼盒、吊坠等产品。后原告在辽宁省沈阳市恒信公证处公证人员的监督下，通过涉案网店购买京剧人物形象的京剧笔 5 款、书签 5 款、钥匙扣 3 款、笔筒 2 款，公证人员就上述全流程操作过程出具公证书。原告认为涉案产品上使用的动漫形象与原告主张权利的《招财童子—京剧系列之龙套人生 3》《国粹京剧时尚版之青衣》等作品中形象除颜色、持扇、翎子个别细节外，面部特征、服饰、动作等整体形象基本一致，以被告侵犯作品复制发行权等为由提起诉讼，请求判令被告立即停止侵权、赔偿原告经济损失 161457 元、合理开支 9153 元，并承担本案诉讼费。

【案件焦点】

涉案产品使用的卡通京剧人物形象是否与在先作品构成实质性相似，进而构成著作权侵权。

【法院裁判要旨】

北京市丰台区人民法院经审理认为：京剧人物形象虽属于中国传统文化艺术，特定人物的形象具有一定的规律性，但不同的作者在绘画人物形象时各有特色、各不相同。涉案作品在绘制时，对于人物五官等线条的勾画、头饰及服饰的绘制、动作的设计、颜色的选择等能够体现作者具有审美意义的独特构思，具有区别于传统京剧形象的表达特点，故涉案作品具有独创性，属于著作权法上的美术作品。如无相反证明，在作品上署名的公民、法人或者其他组织为作者。当事人提供的涉及著作权的底稿、原件、合法出版物、著作权登记证书、认证机构出具的证明、取得权利的合同等，可以作为证据。据此本案可以确认沈阳治图公司系涉案《招财童子－好戏连台之凤还巢》美术作品的作者及著作权人；郑某志系涉案《招财童子－京剧系列之龙套人生 3》《招财童子－京剧系列之龙套人生 4》《招财童子－国粹京剧时尚版之青衣》等涉案美术作品的作者，但郑某志通过声明已确认上述作品为职务作品，除署名权外，其他著作权均属于沈阳治图公司。故沈阳治图公司有权就侵犯涉案作品的发行权、获得报酬权的行为主张权利。瀚宇东方公司关于沈阳治图公司不享有著作权的抗辩，缺乏依据，法院不予采纳。

除法定情形外，未经许可使用他人作品，未向著作权人支付报酬的，应承担相应的侵权责任。本案中，瀚宇东方公司在其经营的涉案网店"瀚宇东方旗舰店"销售了 14 款涉案产品，经比对，涉案 14 款产品上所使用的动漫形象与沈阳治图公司享有著作权的涉案作品除个别细节外，主要特征基本一致，故应认定二者具有一致性。综上，瀚宇东方公司未经许可，在其销售的 14 款涉案产品上使用沈阳治图公司享有著作权的 8 款涉案作品，侵犯了沈阳治图公司对作品享有的发行权和获得报酬权，应当依法承担停止侵权、赔偿损失的民事责任。瀚宇东方公司虽辩称涉案产品具有合法来源，但其提交的证据无法显示与涉案产品之间的对应关系，且其未提交证据证明其在销售涉案产品时尽到了著作权审核相关的注意义务，法院对此不予采纳。

关于赔偿损失的具体数额，沈阳治图公司主张的产品总销量并非仅为涉案产品的销量，无法显示与涉案产品之间的明确对应关系，无法证明其因侵权所受损失或被告因侵权所获利益。故法院将综合考虑涉案作品的独创性程度、价值、涉案侵权行为的性质、情节、后果等因素予以酌定。关于沈阳治图公司主张的合理支出，其中公证费、购买涉案物品费、复印费、差旅费、住宿费为进行本案诉讼必要支出，有相关票据予以证明，法院予以支持；律师费无相关票据予以证明，但鉴于沈阳治图公司出具有委托代理合同，且确有律师出庭，法院将综合考虑本案诉讼工作量等因素，在合理范围内予以支持。

北京市丰台区人民法院依照《中华人民共和国著作权法》第十条第一款第六项、第二款、第十一条第四款、第四十八条第一项、第四十九条，《最高人民法院关于审理著作权民事纠纷案件适用法律若干问题的解释》第七条的规定，判决如下：一、被告瀚宇东方公司于本判决生效之日起立即停止销售侵权涉案产品；二、本判决生效之日起十日内，被告瀚宇东方公司给付原告沈阳治图文公司经济损失42000元、合理费用7153元。

二审法院同意一审法院裁判意见，判决如下：驳回上诉，维持原判。

【法官后语】

本案的审理难点在于涉案产品使用的卡通京剧人物形象是否与在先作品构成实质性相似，进而构成著作权侵权。对此笔者结合著作权侵权的一般认定原理，具体分析如下：

京剧人物形象属于中国传统文化艺术，特定人物形象的表现具有共通的要素，这些要素属于公有领域的内容，不应作为著作权法上的独创性表达予以保护。但在共性要素之外，作者在创作绘制过程中，亦有其个性化的选择和安排空间，如五官线条和面部特征的设计，服装具体纹饰、头饰的细节设计等。涉案《招财童子—国粹京剧时尚版之状元》等八个美术作品的人物形象系作者在传统京剧人物形象基础上再创作的智力成果，在服饰、头饰、五官特征等方面的选择与设计上具有独创性，应当认定为作品。

“接触”加“实质相似”，是作品构成剽窃的判断原则，也是著作权法上侵权认定的经典方法，它解决的问题是，对于原告作品来说，被告抄袭到什么程度才属于侵权行为，本案在侵权认定中也采用了此判断原则。所谓“接触”，是指在先作品可为公众获得，或者由于某种特殊原因，使在后创作者有机会获得该作品。本案首先要认定的问题是被告是否接触或有可能接触到权利作品。在此，既要对“接触”进行正向判断，又要进行反向判断。“实质相似”是指在后作品与在先作品在表达上存在实质性的相同或近似，使读者产生相同或近似的欣赏体验。在司法实践中，认定实质性相似的方式主要是：（1）被告是否抄袭了原告的作品；（2）证明存在抄袭的情况下，是否该种抄袭超过了合理限度构成了一个非法使用。具体来说这个标准可以被解释为，是否被诉作品与原告作品如此相似，以致一个普通观察者会得出以下结论，即被告通过盗取原告作品中有价值及实质部分的材料，非法地使用了原告作品中受保护的表达。在此要特别注意的是，著作权侵权认定中的实质性相似应当仅限于表达的相似，而如果仅仅是思想的相似，是不构成侵权的，即美国法官厄尔所说："权利的主张不能及于思想"。由此，在适用实质性相似理论分析是否存在侵权行为时，需要运用思想/表达二分法，对作品进行解构抽析。分离出受著作权法保护的表达之后，才能够判断被告作品与原告作品雷同部分是否达到实质性相似的程度，进而得出侵权是否存在的结论。但如何准确的划分思想与表达的界线，又是一个极为复杂的问题。著名法官理查德·波斯纳所言"思想与表达之间的界线经常是不够清楚的。复述必须要游离于原作到何种程度才能摆脱侵权之名?"通常，两部作品的题材、背景和故事框架可以列入思想领域，在判断抄袭与否、侵权与否时都可以不予考虑；而两部作品的人物设置、人物关系和故事情节等是作品的表达方式，在认定是否涉嫌侵权时应以此为突破口。

回归本案而言，在判断涉案卡通京剧人物形象时是否构成实质性相似时，首先，应从整体上剥离京剧人物所共有的要素，如武生的翎子、靠旗，小生的帽正等，上述要素属于"生旦净末丑"不同角色类型所固定搭配的装饰要素，以鲜明的突出人物形象。侵权作品并不应与权利作品均具有以上要素而构成实质性相似。其次，应从整体上剥离特定京剧人物所特有的要素，白脸的曹操、红脸的关公，这些也属于公有领域的范畴。在整体上剥离上述共有要素和特有要素的同时，还应具体比对上述要素的具体表现形式，这些具体的表现形式才是不同作者所具有的独创性表达。例如，武生的盔头通常都会插翎挂尾，常缀以珠花、绒球。但具体几个绒球，靠旗图案则各不相同。

此外，Q版卡通人物形象是一种漫画常用的变形夸张形式。人物造型比例通常在二头身到四头身之间，身体与头的比例约在1:1到1:2之间。其特点是头大眼睛大的卡通形象，是萌化的一种绘画流派。在Q版卡通人物形象设计时，作者可以根据人物的不同和漫画的需要，设计不同头身比的Q版卡通人物形象。本案中，原告权利作品与被告侵权产品所涉Q版卡通人物头身比亦完全相同。使用上述实质性相似的判定方法，可以认定被告销售的14款涉案产品上所使用的卡通形象与原告享有著作权的涉案作品中具有独创性的部分表达内容构成实质性相似。

编写人：北京市丰台区人民法院　张炎

31

坚持契约自由原则 审慎认定影视投资协议固定收益条款效力

——北京土象公司诉柒柒影视公司著作权合同案

【案件基本信息】

1. 裁判书字号

天津市第三中级人民法院（2019）津03知民终17号民事判决书

2. 案由：著作权合同纠纷

3. 当事人

原告（被上诉人）：北京土象公司

被告（上诉人）：柒柒影视公司

【基本案情】

2018年4月12日，北京土象公司与柒柒影视公司签订《关于数字电影〈黑衣内卫之凤凰天火〉之固定投资协议》，合同约定双方联合投资摄制数字电影《黑衣内卫之凤凰天火》。该片总投资为2200000元人民币，由北京土象公司全额投资。柒柒影视公司负责该片的前期剧本创作、中期建组拍摄、后期剪辑合成、完成片终审、国内外发行销售等全盘工作，并保证该片按照合同约定的进度执行。双方还约定，柒柒影视公司为该片发行方，在宣传发行中享有决策权，北京土象公司可配合发行，并享有监督、知情及督促的权利。双方就该片的合作期限约定为2018年4

月20日起至2019年2月20日止，投资为期十个月整。该项目投资形式为固定回报率形式，该固定回报率为投资款的25%。收益资金到账日为2018年11月~2019年2月20日。合同签订后，北京土象公司按照合同约定履行合同义务。2019年2月20日，柒柒影视公司未在合同约定的期限内按时足额向北京土象公司返还投资款及固定收益。北京土象公司向一审法院起诉请求：（1）判令柒柒影视公司返还北京土象公司投资款2200000元及支付固定收益550000元，合计2750000元；（2）判令柒柒影视公司支付违约金（自2019年2月25日起至实际给付之日止。按年利率24%计算）；（3）诉讼费由柒柒影视公司承担。

【案件焦点】

涉案合同的性质是什么。

【法院裁判要旨】

天津市滨海新区人民法院经审理认为：结合在案证据材料及双方所签协议中的具体约定内容，北京土象公司仅负有按照约定支付所谓投资款项的合同义务，享有按时足额回收投资款项及收益的合同权利，并不参与案涉影片的立项、申请、报批、送审、取得电影公映证等有关影片制作、发行工作，也不承担案涉影片投资风险，因此北京土象公司并不参与共同经营，也不共担经营风险，只按期收取固定利润。一审法院依照《中华人民共和国合同法》第八条、第六十条，《最高人民法院关于审理民间借贷案件适用法律若干问题的规定》① 第二十六条、第三十条之规定，判决如下：一、柒柒影视公司于判决生效之日起十日内返还北京土象公司本金2200000元并支付收益393333元；二、柒柒影视公司于判决生效之日起十日内支付北京土象公司违约金（以2200000元为基数，自2019年2月21日起至柒柒影视公司实际支付之日止，按照年利率24%计算）；三、驳回北京土象公司的其他诉讼请求。

天津市第三中级人民法院经审理认为：本案投资协议属于合同法分则或其他法律没有明文规定的合同，适用合同法总则规定，并可参照合同法分则或其他法律最

---

① 此处指2015年发布的《最高人民法院关于审理民间借贷案件适用法律若干问题的规定》，其已于2020年修正，本书收录的案例均裁判于其修改生效前，适用的是当时有效的法律法规及司法解释，下文将不再对此进行提示。

相类似的规定。当事人依法自愿订立合同，合同自成立时生效。柒柒影视公司签订合同时同意向北京土象公司按期支付固定回报，系其真实意思表示，亦是其对自身权利义务的自愿处分，未侵害他人的合法权益，也未违反法律、行政法规的强制性规定，涉案合同依法成立并生效，对双方当事人具有法律约束力，柒柒影视公司应当按照合同约定的数额和期限履行付款义务。一审法院认定合同性质不当，二审法院予以纠正。因北京土象公司认可一审判决结果，未提出上诉，且一审判决结果未超出涉案合同约定的支付标准，故二审法院对一审判决结果予以维持。依照《中华人民共和国民事诉讼法》第一百七十条第一款第一项规定，二审判决如下：驳回上诉，维持原判。

【法官后语】

上诉人柒柒影视公司主张涉案合同的性质非借款合同，而是联营合同，被上诉人北京土象公司主张涉案合同的性质既非借款合同，也非联营合同，因此本案的争议焦点为涉案合同的性质。

关于涉案合同是否系借款合同的问题。借款合同一般仅包括借款本金、利率、还款期限及逾期违约责任等条款，而涉案合同除约定了投资及固定收益外，还约定了著作权归属、作品署名情况，并约定了被上诉人享有一定的参与、监督及知情权，因此涉案合同并非单纯的借款合同，一审法院关于合同性质为借款合同的认定不当。

关于涉案合同中固定收益的约定是否系联营合同的保底条款问题。联营合同中的保底条款，通常是指联营一方虽向联营体投资，并参与共同经营，分享联营的盈利，但不承担联营的亏损责任，在联营体亏损时，仍要收回其出资和收取固定利润的条款。本案中，首先，从双方签订合同的目的看。上诉人柒柒影视公司主要是为获取资金，被上诉人北京土象公司主要是为获取投资的固定收益，双方无共同经营、共担风险的意思表示，不存在建立联营关系的合同目的。其次，从合同条款及履行情况看。被上诉人北京土象公司虽有一定的参与权、监督权及知情权，但并无整个项目的经营决策权，涉案合同不符合联营合同共同经营的特征。在合同履行过程中，双方并未成立联营企业或联营体，被上诉人北京土象公司未参与资金使用及成本支出核算，更无法控制最终收益的分配。因此，双方之间并非联营合同关系，涉案合同中固定收益的约定不能认定为联营合同的保底条款。

根据《中华人民共和国合同法》第四条、第四十四条、第一百二十四条的规定，当事人依法享有自愿订立合同的权利，依法成立的合同，自成立时生效。合同法分则规定的合同类型并未涵盖实践中的所有合同，合同法分则或者其他法律没有明文规定的合同，适用合同法总则的规定，并可以参照合同法分则或者其他法律最相类似的规定。上诉人柒柒影视公司签订合同时同意向被上诉人北京土象公司按期支付固定回报，系其真实意思表示，亦是其对自身权利义务的自愿处分，未侵害他人的合法权益，也未违反法律、行政法规的强制性规定，涉案合同依法成立并生效，对双方当事人具有法律约束力，上诉人柒柒影视公司应当按照合同约定的数额和期限履行付款义务。

编写人：天津市第三中级人民法院　王颖鑫

五、侵害信息网络传播权纠纷

32

操作流程不规范影响“时间戳”证据的效力

——阅图公司诉东方公司侵害作品信息网络传播权案

【案件基本信息】

1. 裁判书字号

北京互联网法院（2019）京0491民初1212号民事判决书

2. 案由：侵害作品信息网络传播权纠纷

3. 当事人

原告：阅图公司

被告：东方公司

【基本案情】

原告主张，原告经合法授权，依法取得涉案摄影作品独家信息网络传播权。原告通过时间戳的方式固定证据，证明被告曾在其在线经营的网站上未经许可，通过信息网络，擅自使用、向公众传播原告享有著作权的摄影作品，且未支付报酬。被告的行为侵犯了原告对该摄影作品所享有的信息网络传播权。

被告认为，原告用以证明被告侵权的证据，是一段由其单方录制的屏幕录像，在证据类型上属于视听资料，应对其证据资格及证明效力实施严格审查。原告对涉案录屏文件进行“时间戳”形式的保全，本质上不属于取证技术，而是一种固证存证技术，所采集的电子数据的真实性很可能在被抓取之前，因其所处设备或网络环境存在问题已经受到了“破坏”，导致存证下来的证据包天然不具有可信力。在无可信第三方监督的单方取证、存证活动中，唯有明确取证活动无技术篡改之可能，方能认可其固化内容的真实性。取证计算机是否有隐藏的分区，有无可疑外设，有无远程控制、木马程序及当前计算机系统的网络环境，都属于可影响网页真实性的因素，充分做到对技术疑点的全面排查，是原告应尽义务。原告规避公证监督，仅在可控制的电脑及网络环境下完成涉案批量取证及录屏，应当承担与该取证方式相伴的证明力风险。原告选择可信时间戳，应遵照可信时间戳官网已经公布的《可信时间戳互联网电子数据取证及固化保全操作指引（2017.7版）》（以下简称《操作指引》）严格完成全步骤清洁性、安全性、网络连接真实性的自检。但原告提交证据存在明显疑点，故法院应当遵循疑点证据“孤证不立”原则，驳回原告的所有诉讼请求。

【案件焦点】

1. 如何认定通过可信时间戳取证的证据效力；2. 可信时间戳存证的操作步骤的缺失是否影响证据的真实性。

【法院裁判要旨】

北京互联网法院经审理认为：原告主张被告在其在线经营的网站上未经许可，通过信息网络，擅自使用、向公众传播原告享有著作权的涉案20张图片，并提交取证录像予以证明。被告对原告的主张和提交的证据均不认可。被告对取证录像中原告针对互联网连接真实性检查的操作流程效力有异议，因该操作流程效力对侵权行为认定有重要影响，故法院指定技术调查官参与本案庭审并出具专业意见。

《操作指引》系联合信任时间戳服务中心出具，作为可信时间戳存证方式的操作规范，具有一定指导作用，且本案原被告均认可该《操作指引》，故法院将参照《操作指引》判定操作流程效力。《操作指引》的“互联网连接真实性检查”中包括三个关键步骤：其一，在IE浏览器的Internet选项下的“连接”中点击“局域网”设置，以保证没有连接代理；其二，在命令窗口输入“ipconfig/all”命令，显示所有网络适配器（网卡、拨号连接等）的完整TCP/IP配置信息；其三，在命令窗口输入“tracert目标网页域名，以确认连接到目标页面网络服务器的路径，保证接入网站的真实性”。以上三个关键步骤的缺失会导致如下问题：首先，没有点击

"局域网"设置查看代理情况，存在设置虚拟代理网站的可能；其次，"ipconfig"没有加上"/all"，就不会显示 DNS 等关键信息，无法排除存在虚拟网站的可能；最后，没有执行"tracert 目标网页域名"，无法查看目标页面网络服务器的真实路径，进而无法确定接入网站的真实性。2017 年 9 月 12 日的取证录像前置性检查步骤中上述三个关键步骤均缺失；2017 年 10 月 9 日的取证录像前置性检查步骤缺失了第二个和第三个关键步骤。上述关键步骤的缺失，导致原告提供的可信时间戳证据存在重大缺陷，不足以取信。

综上所述，原告提交的证据无法证明被告实施了侵犯其著作权的行为，故原告基于存在侵权事实要求赔偿损失及合理支出的诉讼请求没有事实依据，法院不予支持。

北京互联网法院依照《中华人民共和国民事诉讼法》第六十四条第一款之规定，作出如下判决：

驳回原告阅图公司的全部诉讼请求。

【法官后语】

在大数据时代，时间戳取证在涉网侵权中广泛应用。时间戳取证系当事人按照联合信任时间戳服务系统的程序，进行自行取证，并将取证过程和结果的电子数据上传到联合信任时间戳服务中心保存，确保自保存起数据不被更改。由于时间戳取证是无可信第三方监督的单方取证存证，符合证据可采性的前提是取证的过程及方法应最大程度地避免伪造、篡改证据的可能。法官在审查此类证据时涉及的对技术疑点的排查，可能存在知识、技术上的局限性。因此，《最高人民法院关于互联网法院审理案件若干问题的规定》中指出，对于时间戳取证证据，法官在审查的过程中可以申请具有专门知识的人就电子数据技术问题提出意见，技术调查官就属于专门知识的人，其就可信时间戳认证证据提出的专业意见可作为裁判时参考的依据之一。

在使用可信时间戳存证过程中，"互联网连接真实性检查"是存证的前置程序，它规定了三个关键步骤，旨在于保证接入网站的真实性。如果在存证时缺失部分关键步骤，将可能导致设置虚拟代理网站，进而无法查看目标页面网络服务器的真实路径。经审查，原告在存证的前置程序中遗漏了部分步骤，可能导致上述结果发生。因此，法院认定原告提供的可信时间戳证据存在重大缺陷，不足以取信。

《最高人民法院关于互联网法院审理案件若干问题的规定》以司法解释形式对哈希值校验、可信时间戳及区块链存证方式进行了法律确认。相较于传统的公证存证方式而言，可信时间戳等电子存证方式具有成本低廉、操作便利、制作时间短等优势。不同于传统的证据形式，电子数据证据也具有真伪的脆弱性、传递的技术性、极强的可复制性等特殊属性，并非只要采用了上述技术手段所采集的电子证据就是真实可靠的。电子证据存在在抓取之前因所处设备或网络环境存有问题而遭受"破坏"的可能性，这导致存证的证据不具有可信力。这类"破坏"包括非真实的网络环境、定向虚假链接访问、时间来源不明等问题。因此，当事人在用可信时间戳等技术手段采集证据时，应当严格遵守操作流程，确保电子数据的真实性。

编写人：北京互联网法院　崔璐　潘昌

33

行政管理中ICP备案及域名登记与认定网站经营者的关系

——易天公司诉某电力投资公司侵害作品信息网络传播权案

【案件基本信息】

1. 裁判书字号

北京知识产权法院（2019）京73民终590号民事判决书

2. 案由：侵害作品信息网络传播权纠纷

3. 当事人

原告（被上诉人）：易天公司

被告（上诉人）：某电力投资公司

【基本案情】

原告是网站“塔读”（www. tadu. com）的主办单位。进入 ICP/IP 地址/域名信息备案管理系统，记载：被告是网站“某电力投资公司”的主办单位，gzbpi. com 是网站的域名，点击网站首页网址“www. gzbpi. com”，进入“瓜子小说网”网页。2016 年 2 月 26 日，吴云日（甲方）与易天公司（乙方）签订《文学作品独家授权合作协议》，约定乙方邀请甲方为乙方特约作家，甲方与乙方就甲方作品《女总裁的贴身狂兵》合作。原告公司经营的塔读文学网登载了《女总裁的贴身狂兵》，作者：策马，字数 1971 千字。2017 年 3 月 26 日，经易天公司申请，在公证人员的现场监督下，易天公司的委托代理人陈晓东使用公证处的电脑，证明该网站刊登了涉案小说。双方认可涉案网站中登载的涉案小说共计 1689 千字。原告诉至法院主张被告系网站经营者，其通过网站提供涉案小说，侵害了原告享有的信息网络传播权。被告辩称，虽然行政管理中的登记信息无误，但是其已不是网站经营者，故不应承担侵权责任。

【案件焦点】

原告根据 ICP/IP 地址/域名信息主张被告系网站经营者，被告否认其系网站经营者的，法院应当如何认定二者的关系，举证责任应当如何分配。

【法院裁判要旨】

北京市西城区人民法院经审理认为：根据 ICP/IP 地址/域名信息备案管理系统，显示被告是网站 www. gzbpi. com 的主办单位，点击网站 www. gzbpi. com 进入的页面标注为“瓜子小说网”。被告未提交证据证明在涉案侵权行为发生时，有人假冒其名义对涉案网站进行登记备案，故被告是涉案网站 www. gzbpi. com 的主办单位。根据我国互联网信息服务管理法律、法规相关要求，网站的主办单位对网站负有如实进行行政备案、运营管理、依法维护的义务和责任。作为涉案网站的主办单位，无论是否实际参与涉案期间涉案网站的运营、管理，亦应对涉案网站所发生的侵害他人合法权益的行为，承担相应的民事法律责任。综上，依照《中华人民共和国著作权法》第十条、第十一条、第四十八条第一项、第四十九条，《最高人民法院关于审理著作权民事纠纷案件适用法律若干问题的解释》第七条第一款，《最高人民法院关于审理侵害信息网络传播权民事纠纷案件适用法律若干问题的规定》第三条第一款之规定，作出如下判决：一、被告某电力投资公司于本判决生效之日起十日内赔偿原告易天公司经济损失33780元；二、驳回原告易天公司的其他诉讼请求。

某电力投资公司不服一审判决，提出上诉。北京知识产权法院经审理认为：本案的争议焦点问题为：某电力投资公司在被诉侵权行为发生期间是否为涉案网站的经营者。在工信部登记备案中记载的信息，可以作为证明网站的经营者的初步证据。某电力投资公司在一审中提交的证据虽然能够证明其并非被诉行为发生期间涉案网站域名的持有者，但不能据此推翻工信部ICP/IP地址/域名信息备案管理系统中记载的关于被诉侵权行为发生期间其为涉案网站经营者的事实。基于双方当事人在一审中提交的证据情况，法院依据证据规则认定，某电力投资公司是被诉行为发生期间涉案网站的经营者。

二审中，北京知识产权法院根据新证据补充查明了案件事实。在此基础上，法院认为，某电力投资公司关于其并非被诉侵权行为发生期间涉案网站的经营者，亦未实施被诉侵权行为的抗辩意见成立，理由如下：第一，根据朝阳法院向某度公司发送的协助调查函及某度公司的回函内容可知，涉案网站域名使用百度云加速服务的用户姓名为刘某序，用户电话为15162173701，结合某电力投资公司提交的（2018）鄂长江内证字第14236号公证书记载账户名为1516217××××的支付宝账户姓名校验显示为魏某锋，故根据被诉侵权行为发生期间涉案网站百度云加速服务的上述相关使用信息可以初步认定某电力投资公司主张的其并非涉案网站的经营者具有一定事实依据。第二，徐州市文化广电和旅游局的询问笔录中记载的魏某锋对杜某、刘某序身份及开办涉案网站的陈述，及徐州市文化广电和旅游局作出的行政处罚决定书认定的相关内容，可以与前述证据进行互相印证，并可形成完整的证据链证明被诉侵权行为发生期间涉案网站的经营者并非某电力投资公司。

虽然某电力投资公司违反行政规定，未及时向有关部门申报网站的经营者主体变更情况，但并不能基于某电力投资公司的上述行为认定其为被诉侵权行为发生期间涉案网站的经营者。某电力投资公司是否应当承担民事法律责任，仍应根据侵权责任法的相关规定予以认定。因此，一审法院关于“作为涉案网站的主办单位，无论是否实际参与涉案期间涉案网站的运营、管理，亦应对涉案网站所发生的侵害他人合法权益的行为，承担相应的民事法律责任”的认定，于法无据，法院予以纠正。

北京知识产权法院依照《中华人民共和国侵权责任法》第三十六条第一款，《中华人民共和国著作权法》第十条第一款第十二项，《中华人民共和国民事诉讼法》第六十四条第一款、第一百七十条第一款第二项之规定，判决：一、撤销北京市西城区人民法院（2017）京0102民初22654号民事判决；二、驳回易天公司的全部诉讼请求。

【法官后语】

随着互联网传播技术的发展，信息网络传播权已经成为著作权人财产权中经济价值最高的权项。在网络环境下，当著作权人的信息网络传播权被侵害时，应当如何认定侵权人常常成为当事人争议的焦点。尤其是在网站侵权的情况下，因为我国法律、法规对于网站建设及运营进行了特别规定，这些规定与民事责任的关系是什么，应当如何确定被诉网站的经营者身份已经成为法院审理此类案件的难点之一。本案即此类问题的典型案例，双方争议的焦点在于被告是否是侵权人、是否是网站的经营者，申言之，关于域名持有人、ICP备案主体与网站经营者的关系应当如何认定，对此类纠纷的正确处理应当厘清以下相关内容：

第一，关于网络直接侵权与网络间接侵权。侵犯著作权的行为可分为直接侵权和间接侵权，这种区分与著作权法中的核心概念—专有权利密不可分。构成直接侵权的行为都落入专利权利控制的范围，而构成间接侵权的行为则并不受专利权利的直接控制。因此，原告主张被告为网站经营者，即主张其实施了直接侵权行为，就需要判断被告是否实施了原告主张的被诉行为，是否通过信息网络提供了涉案作品。

第二，关于域名持有人、ICP备案主体与网站经营者的关系。网站经营者即对网站进行管理和运行的自然人、法人和非法人组织。其可分为网站实际经营者和网站名义经营者。域名是指互联网上识别和定位计算机的层次结构式的字符标识，与该计算机的IP地址相对应。用户若想访问某设备，只需输入其域名，计算机便会自动通过网域名称系统将域名解析为IP地址，从而访问目标网站。根据《非经营性互联网信息服务备案管理办法》的规定，非经营性互联网信息服务必须进行ICP备案，否则其网站会被禁止接入互联网，用户无法访问其网站。故域名持有人、

ICP备案主体的信息都与网站经营者相关，都是从不同角度对于如何规范网站的建设和运营进行了规定，其与网站经营者相关但这些信息并不能等同于网站经营者。

第三，关于侵权责任与行政管理的关系。根据民法的原理，法无明文禁止即自由。行为人若应承担民事责任，应有法律的明确规定。但我国的侵权责任法、著作权法及相关司法解释等均无关于ICP备案主体应当承担侵权责任的规定。我国对于网站域名、ICP备案制定相关法律法规其主要目的是规范网联系信息服务活动，促进互联网信息服务健康有序发展，其并无关于承担民事责任的规定。因此，因违反了行政管理的相关规定，而判决网站独自承担责任或承担连带责任均缺乏法律依据。

综上，二审法院根据案件查明事实，准确认定了网站经营者的实质内涵，划分清了网站域名、ICP备案与网站经营者的界限，其认定是正确的。

编写人：北京知识产权法院　李志峰

34

独创性为判断有声读物是否构成新作品之关键

——刘某平诉动景公司侵害作品信息网络传播权案

【案件基本信息】

1. 裁判书字号

湖南省高级人民法院（2019）湘民终40号民事判决书

2. 案由：侵害作品信息网络传播权纠纷

3. 当事人

原告（被上诉人）：刘某平

被告（上诉人）：动景公司

【基本案情】

原告刘某平系小说《大明王朝1566》的作者，享有该作品的著作权。该作品曾拍摄成《大明王朝1566》电视剧，在各大卫视及网络平台热播，具有较高知名度。被告动景公司未经原告许可，擅自在其管理运营的“UC头条”应用程序向用户提供《大明王朝1566》有声读物的在线收听服务。

【案件焦点】

1. 原告是否具有诉讼主体资格；2. 被告是否存在侵害原告作品信息网络传播权行为，是否应当承担赔偿责任。

【法院裁判要旨】

湖南省衡阳市中级人民法院经审理认为：通过朗读者对文字作品的朗读进行录音而成的有声读物，其对文字单纯的朗读，形成的是原作品的录音录像制品，其创造性尚不足以使其构成独立的作品。故涉诉小说《大明王朝1566》的有声版本属于原作品的录音制品，原告有权主张权利、提起诉讼。被告动景公司未经许可通过网络向公众提供涉案作品，使公众可以在其个人选定的时间和地点获得涉案作品，构成侵害涉案作品信息网络传播权的行为，应承担侵权民事责任。依照《中华人民共和国著作权法》第十条第一款第十二项、第四十八条第一项、第四十九条之规定，判决如下：

一、被告动景公司于本判决生效之日起十日内赔偿原告刘某平经济损失30000元（包含合理维权开支）；

二、驳回原告刘某平其他诉讼请求。

被告动景公司不服一审判决，提出上诉。湖南省高级人民法院同意一审法院的裁判意见。

湖南省高级人民法院依照《中华人民共和国民事诉讼法》第一百七十条第一款第一项规定，判决如下：

驳回上诉，维持原判。

【法官后语】

有声读物是近年来新兴的一种文化娱乐方式，但对有声读物的归属界定以及在线提供有声读物在著作权法上如何定性，尚缺乏明确的裁判规则。判断有声读物是属于对原作品的录音录像制品还是构成新的演绎作品，关键在于有声读物是否具有

“独创性”的外在表达。独创性是著作权法意义上的作品最本质的特征，独创性可以分为“独”“创”两个方面，独是指“独立创作、源于本人”，具体分为两种情况：一是作品完全由自己独立创造。二是作品在他人作品的基础上进行创造，但与他人作品存在可以较明显的、可客观识别的差异，那么也符合“独”的特点，换言之，如果这种创造活动仍未改变他人作品的表达，基本就是对他人作品的相同表达，即使创造者付出了劳动，改变了作品表达的呈现形式，也不符合“独”的要求。例如，完全按照画像人物雕刻出来的雕塑，雕刻过程需要高超的技巧和劳动，但只是对作品的单纯复制，并未改变作品的表达；创是指智力创造性，相较“独”来说，“创”的要求更高，要构成著作权法意义上的作品须达到一定的创作高度，但作品的“创”与专利法意义上的创作性不同，著作权法的独创性要远远低于专利法中对创造性的要求，作品只要能体现一定的智力创作即可。只有经过劳动创造后具备“独”“创”两方面的外在表达才能构成作品，否则可能只是对于作品的复制行为。再者，即使有声读物构成演绎作品，被告以有线方式向公众提供涉案有声读物需经过演绎作品作者及原作品著作权人的双重许可，原告均具有诉讼主体资格。

本案中，朗读行为并未改变原作品独创性的表达，不属于对原作品的演绎行为。涉案有声读物实为朗读作品文字内容并进行录音后形成的录音制品，是对于原作品的复制，不属于对作品进行演绎后产生的新作品。在网站上向公众提供有声读物，使得公众可在其个人选定的时间和地点进行收听，该行为属于信息网络传播行为，应受信息网络传播权控制。

事实上，技术一直在进步，未来随时都可能出现各种不同的新兴形式呈现的作品，在法律法规或司法解释无法及时制定相应的规定的情况下，要对其作出归属划分的必要前提是把握作品的“独创性”这一根本特征。

编写人：湖南省衡阳市中级人民法院　谷佳琪

35

酒店播放视听作品时侵权行为性质的认定标准

——爱奇艺公司诉康照安逸酒店侵害作品信息网络传播权案

【案件基本信息】

1. 裁判书字号

北京知识产权法院（2019）京73民终196号民事判决书

2. 案由：侵害作品信息网络传播权纠纷

3. 当事人

原告（被上诉人）：爱奇艺公司

被告（上诉人）：康照安逸酒店

【基本案情】

涉案影片在中国大陆范围内的专有信息网络传播权由爱奇艺公司享有。2017年7月7日，北京市方圆公证处出具（2017）京方圆内经证字第49979号《公证书》，公证书内容如下：“2017年7月3日，本公证员、本处工作人员郭某桃与申请人的委托代理人崔某伟共同来到北京市西城区枣林前街××号院的一家酒店，该酒店门处显示‘北京城南旧事文化酒店’标识。到达1035房间：1. 使用1035房间内提供的电视遥控器打开电视电源，电视屏幕显示‘××女士欢迎您下榻城南旧事酒店’字样的界面，浏览该界面信息，点击电视遥控器‘OK’键进入电视主界面；2. 点击电视主界面下方‘电影世界’—‘新片上映’，搜索电影‘功夫瑜伽’后，点击进入观影购买界面，点击‘购买播放’，进入观影界面，用电视遥控器随机选择影片的部分片段进行观看；3. 退出播放界面，返回搜索电影‘健忘村’，点击‘播放’，进入观影界面，用电视遥控器随机选择影片的部分片段进行观看；4. 按照上述操作方式，选择电视屏幕显示名称为‘封神传奇’‘傲娇与偏见’‘樱桃小王子’的影片，点击‘播放’，分别进入相应观影界面，随机选择相应影片的部分片段进行播放；5. 退出播放界面。”公证书所附发票复印件上载明，爱奇艺公司为保全证据向康照安逸酒店支付房费466元和视频点播费48元。《功夫瑜伽》在康照安逸酒店内点播需要支付费用，付费方式为所有电影从购买播放之时起24小时内任意观看，仅计费一次，包天价48元。国家版权局网站于2017年1月25日发布2017第二批重点作品版权保护预警名单，影片《功夫瑜伽》列于其中。爱奇艺公司起诉至法院，要求康照安逸酒店立即停止对爱奇艺公司著作权的侵害，停止在其酒店客房点播系统提供作品《功夫瑜伽》的在线播放业务；赔偿经济损失以及合理费用共计30万元。

【案件焦点】

酒店在客房内向住宿人员提供视频点播服务，是否构成合理使用，是否侵犯了著作权人的权利，若构成侵权，则侵害了著作权中的哪项权利？

【法院裁判要旨】

北京市西城区人民法院经审理认为：《功夫瑜伽》属于电影作品。爱奇艺公司是适格的原告。康照安逸酒店的行为构成侵犯作品信息网络传播权。本案中，爱奇艺公司提交的（2017）京方圆内经证字第49979号《公证书》及光盘截图显示，在北京城南旧事文化酒店房间内可以通过付费方式观看电影《功夫瑜伽》，此种通过网络向不特定公众提供涉案电影的观看服务、使公众能够在其个人选定的时间和地点登陆点播平台获得作品的行为构成侵害作品信息网络传播权。康照安逸酒店认为其与盛阳公司签署合作协议，由盛阳公司负责影片的提供、更新及向客人提供点播服务，因而不应认定其侵权。对此，一审法院认为，康照安逸酒店作为直接经营主体，在其客房内为住客提供涉案影片的点播播放，使住客能够在酒店提供的入住服务中直接获得涉案影片，并以此获利，该行为显然构成侵权，其与案外人盛阳公司的合同关系不影响此种侵权行为的性质认定，其亦可通过另案诉讼进行救济，故一审法院对其该项答辩意见不予采纳。爱奇艺公司主张的经济损失和合理费用部分予以支持。

北京市西城区人民法院依照著作权法第三条第一款第六项、第十条第一款第十二项及第二款、第十一条第四款、第四十八条第一款第一项、第四十九条，《最高人民法院关于审理著作权民事纠纷案件适用法律若干问题的解释》第二十五条、第二十六条以及《中华人民共和国民事诉讼法》第六十四条、第六十九条之规定，判决如下：一、康照安逸酒店于一审判决生效之日起立即停止在其客房内提供电影《功夫瑜伽》的点播服务；二、康照安逸酒店于一审判决生效之日起十日内赔偿爱奇艺公司经济损失50000元及合理开支1500元；三、驳回爱奇艺公司的其他诉讼请求。

康照安逸酒店不服一审判决，提出上诉。北京知识产权法院经审理认为一审法院认定事实清楚，适用法律正确，程序合法。依照《中华人民共和国民事诉讼法》第一百七十条第一款第一项之规定判决：驳回上诉，维持原判。

【法官后语】

伴随着互联网的快速发展，酒店行业也在不断提高自身的品质、增加服务内容，改变服务方式来吸引更多的消费者。由于知识产权具有无形性的特点，酒店在经营过程中涉及侵害知识产权的风险也在不断增加，这其中又以著作权侵权最为典型和复杂。本案即关于酒店在客房内提供视频点播服务是否侵权及侵犯何种权利的典型案例。酒店的行为构成侵权，侵害了著作权人的信息网络传播权。酒店在客房内提供视频点播服务并获取收益分成，具有主观过程，客观上使住宿人员可以在选定的时间和地点获取视频，因此侵害了著作权人的信息网络传播权。

第一，关于合理使用的理解。因我国著作权法没有规定一项判定特定行为是否属于“例外和限制”的一般原则。学术界习惯将著作权法第二十二条规定的十二项“权利的限制”称为“合理使用”。判断一种使用是否构成合理使用，要看它是否属于著作权法所规定的情形，还要看它是否符合“三步检验标准”。著作权法实施条例第二十一条对此已有了明确规定。酒店客房点播视频并非特殊情况，与作品的正常利用相冲突，也会损害著作权人的合法权益，因此不构成合理使用。

第二，关于放映权的理解。放映权旨在保证权利人能够控制电影播放和幻灯展示之类的行为。放映所使用的设备应该是“放映机、幻灯机”等类似设备。因此通过无线电视台、互联网等播放作品，就不是放映权控制的范围，而是受广播权和信息网络传播权约束。

第三，关于信息网络传播权的理解。互联网带来的传播模式方面的最大变化，在于可以实现“交互式传播”，其特征在于受众可以自主地选择信息内容，以及接收传播的时间和地点。除互联网外，传播者也可以通过其他有线或无线网络进行“交互式传播”。随着三网融合的发展，不断有酒店更新设备开通了数字电视服务，观众通过遥控器可自行“点播”电影等节目。酒店经营者只要将作品上传至向住宿人员开放的局域网服务器后，只要作品本身没有删除以及网络服务器保持开机和联网状态，住宿人员就可以在酒店内的任何一台联网的电视机上在任何一个时间点，欣赏视频。因此，酒店提供视频点播服务的行为侵害了著作权人的信息网络传播权。

编写人：北京知识产权法院　李志峰

36

视频聚合平台通过破解网站技术措施以定向链接方式获取权利作品行为的法律性质分析

——浙广集团诉千杉公司等侵害作品信息网络传播权案

【案件基本信息】

1. 裁判书字号

浙江省杭州市中级人民法院（2019）浙01民终5009号民事判决书

2. 案由：侵害作品信息网络传播权纠纷

3. 当事人

原告（被上诉人）：浙广集团

被告（上诉人）：千杉公司

【基本案情】

浙广集团享有综艺节目《奔跑吧兄弟（第三季）》的著作权，在其主办的“新蓝网”播放。新蓝网采用KT防盗链技术等防御措施。千杉公司主办的“电视猫”网站页面提供下载“电视猫视频”的软件通道。案涉软件“电视猫视频”能通过

U盘转换安装在连接网络的某米盒子上，安装时显示“您的盒子已设置为禁止安装来源不明的应用”等提示标语，经过设置及选择“允许”等操作后完成安装后，可进入“电视猫”操作界面逐步点击播放案涉作品。某米科技公司、某米通讯公司、某米电子公司分别是某米盒子的运营商、销售商与生产商。浙广集团认为，千杉公司、某米科技公司、某米通讯公司、某米电子公司的上述行为构成对其信息网络传播权的共同侵权。

被告千杉公司认为，被诉行为是链接行为，属网络服务提供行为。用户的播放地址是新蓝网的源地址，千杉公司并没有将作品存放至自己的服务器，根据避风港原则，其无需承担侵权责任。同时，千杉公司确认其与某米科技公司、某米通讯公司、某米电子公司之间无任何合作关系。被告某米科技公司、某米通讯公司、某米电子公司认为：其对出厂销售后的产品没有控制能力，不存在帮助侵权的过错。某米盒子对安装案涉软件不具有唯一性，其他APP只要能兼容安卓系统都可以在某米盒子中安装。

【案件焦点】

1. 浙广集团的诉讼主体是否适格；2. 被诉行为是否侵害案涉作品信息网络传播权；3. 某米科技公司、某米通讯公司、某米电子公司是否与千杉公司构成共同侵权；4. 民事责任的确定。

【法院裁判要旨】

杭州互联网法院经审理认为：对盗链行为的评判应坚持法律标准，从信息网络传播权的控制角度出发，结合视频聚合平台的法律属性、行为实施的手段、目的、后果等因素综合予以判定。本案中，被告千杉公司主观上具有在其平台上直接为用户呈现案涉作品的意图，客观上使得其用户可以在个人选定的时间和地点通过该平台获得案涉作品，且该行为导致案涉作品的传播范围超越了浙广集团控制范围，违背了浙广集团对案涉作品进行控制的意志，导致浙广集团丧失了对案涉作品网络传播渠道、入口的控制力，构成对浙广集团信息网络传播权的专有控制权的直接侵害。杭州互联网法院判决：一、千杉公司立即停止侵害案涉作品信息网络传播权的行为；二、千杉公司赔偿浙广集团经济损失及维权合理支出100万元；三、驳回浙广集团的其他诉讼请求。

千杉公司不服一审判决，向浙江省杭州市中级人民法院提起上诉。二审法院同意一审法院的裁判意见。

【法官后语】

随着互联网技术快速发展，在为扩大权利作品传播范围和方式提供丰富载体的同时，也对传统著作权的保护产生强烈冲击。基于作品分销市场的利益驱使，视频聚合平台存在利用技术手段截取被链接网站视频流的情形，实现信息模块整合和优化配置，获取流量经济等新型财产利益，亟需依法规制。本案对视频聚合平台通过破解权利人网站技术措施、以定向链接方式获取作品行为的法律性质予以了分析。

首先，根据新技术内容灵活把握审判标准。在适用最高院司法解释中“提供”行为时，不能拘泥于仅限定通过自己服务器存储并提供的行为。盗链行为以所谓“技术中立”名义，抢占权利作品吸引用户对平台的注意力，相当于盗用权利人服务器向用户提供播放的行为。尤其是在权利人采取防御措施的情形下，盗链行为应属于构成对权利人对权利作品信息网络传播权的专有控制权的侵害。基于此，自然无须再通过反不正当竞争法予以规制，否则既增加权利人诉累，也导致司法资源浪费。

其次，本案仍应遵循侵权责任构成要件分析。根据主客观相一致标准，本案中，千杉公司的目的并不在于提供技术信息服务，而在于通过提供搜索、选择、编辑等附加服务，使得用户可直接获取到视频内容。因此，盗链行为不落入“避风港”原则的保护范围，盗链行为者不属于网络服务提供者。

本案涉及的盗链行为是一种通过技术手段实施的链接行为还是信息网络传播行为，当前司法理论与审判实务中存在不同观点。本案对此进行了积极探索，认为对盗链行为的评判应坚持法律标准，摒弃了当前适用的“用户感知标准”、“实质性替代标准”和“服务器标准”，并厘清了信息网络传播行为与不正当竞争行为的边界，认为本案可根据信息网络传播权进行评价，无须从不正当竞争角度进行规制。本案判决对合理界定数字信息分发聚合平台的法律属性具有参考价值，有益于探索网络新技术发展下数字化信息存储使用与知识产权保护的平衡点。

编写人：杭州互联网法院　周晨

37

著作权侵权案件中网络服务提供者应当对其行为性质承担举证责任

——未来电视公司诉微鲸公司侵害作品信息网络传播权及不正当竞争案

【案件基本信息】

1. 裁判书字号

天津市第三中级人民法院（2019）津03知民终第42号民事判决书

2. 案由：侵害作品信息网络传播权及不正当竞争纠纷

3. 当事人

原告（被上诉人）：未来电视公司

被告（上诉人）：微鲸公司

【基本案情】

中央电视台为《国家宝藏》的著作权人，中央电视台将其所有电视节目通过信息网络向公众传播、广播、提供之权利授权央视国际网络有限公司独占行使。央视国际网络公司将其经中央电视台授权的，在全世界范围内独占享有对中央电视台享有著作权及相关权利或获得相关授权的所有电视频道及其所含之全部电视节目，通过互联网电视业务模式向公众传播、广播、提供之权利以独占许可的形式授予未来电视公司行使，未来电视公司有权针对互联网电视业务模式下的侵权行为进行维权。微鲸公司是微鲸电视的制造销售企业，在微鲸32D2HA电视机中，经恢复出厂设置后进入主页面，选择“分类”，再选择“综艺”，进入相应页面，选择“国家宝藏”进入相应页面，点击涉案10期节目分别拖动进度条进行选择性播放，视频片头分别显示有“正在加载”、节目中文名称、“腾讯视频”、“超清”字样，片尾显示“中央电视台”，结束后退出该画面。本案公证的被控侵权事实显示，在微鲸公司运营的“微鲸电视”上经搜索、点击即可直接播放涉案《国家宝藏》节目的内容。从外在表现形式看，尽管选择并点击相应节目后，页面有加载过程中的缓冲提示，但缓冲后的页面并无来源网站的网络地址，整个播放过程也没有出现跳转链接的情况。微鲸公司主张其仅提供网络链接服务，应就此进行举证。对此微鲸公司提交了（2018）沪杨证经字第7614号《公证书》、《有关微鲸电视获取播放源播放地址的技术说明》、公证处对于电视来源的情况说明，用以证明涉案节目的播放地址来源于第三方视频网站（CNTV网址），并未提供涉案节目内容。未来电视公司向一审法院提出诉讼请求：（1）请求法院依法判令微鲸公司停止通过微鲸电视向公众提供《国家宝藏》（第20171203期、第20171210期、第20171217期、第20171224期、第20180107期、第20180114期、第20180121期、第20180128期、第20180204期、第20180211期）在线播放服务的侵权及不正当竞争行为；（2）请求法院依法判令微鲸公司赔偿未来电视公司经济损失及合理费用共计人民币2000000元；（3）请求法院依法判令微鲸公司承担本案诉讼费。

【案件焦点】

本案主要涉及未来电视公司对涉案作品是否享有信息网络传播权、微鲸公司是否存在侵犯信息网络传播权的行为及不正当竞争行为。

【法院裁判要旨】

天津市滨海新区人民法院经审理认为：未来电视公司就其所主张微鲸公司实施了提供涉案作品的行为，已完成初步的证明责任，而微鲸公司不能举证证明其实施的仅为链接服务，故可以认定，微鲸公司未经未来电视公司许可，在其运营的“微鲸电视”平台向公众提供涉案《国家宝藏》节目的点播服务，使公众可以在其个人选定的时间和地点在线观看涉案节目，侵害了未来电视公司享有的涉案作品信息网络传播权，应依法承担相应的法律责任。就未来电视公司主张的微鲸公司构成不正当竞争的行为，因本案已适用《中华人民共和国著作权法》予以调整，故无需再以反不正当竞争法进行规制。因此，对未来电视公司提起的不正当竞争行为的诉请，一审法院不予支持。一审法院综合考虑如下因素确定赔偿数额：（1）涉案节目的参演人员多为知名演员，节目知名度较高。（2）微鲸公司作为专业从事智能电视业务的企业，应对其平台提供的内容具有较高的注意义务。（3）未来电视公司起诉属于批量性维权，其主张的律师费、公证费等合理开支并非仅涉及本案。一审法院根据《中华人民共和国著作权法》第三条第六项、第九条第二项、第十条第一款第十二项、第十一条第三款、第四十八条第一项、第四十九条，《最高人民法院关于审理著作权民事纠纷案件适用法律若干问题的解释》第七条、第二十五条、第二十六条，《最高人民法院关于审理侵害信息网络传播权民事纠纷案件适用法律若干问题的规定》第三条第一款、第六条，《中华人民共和国民事诉讼法》第六十四条之规定，判决如下：一、微鲸公司于判决生效之日起十日内赔偿未来电视公司经济损失及合理开支共计 200000 元；二、驳回未来电视公司的其他诉讼请求。

天津市第三中级人民法院经审理认为：同意一审法院裁判意见，并进一步明确：网络服务提供者主张其提供的是链接服务的，应承担举证责任；侵害信息网络传播权的行为与原告主张的被控不正当竞争行为系同一行为，该侵权行为已被认定侵害信息网络传播权，不应再适用反不正当竞争法予以规制。二审法院依据《中华人民共和国民事诉讼法》第一百七十条第一款第一项的规定，判决如下：驳回上诉，维持原判。

【法官后语】

网络著作权侵权案件中，很多被告会抗辩其提供的仅是网络服务，因此判断该抗辩是否成立便成为此类案件的重点问题。网络服务提供者主动设置与其他网络服务提供者的网络地址、名称、标识、网站首页、网页的链接，正确、完整、清楚显示被链接网页原貌的，应当认定为链接服务。但不能仅以网络服务提供者使用了链接技术，认定其提供的服务为链接服务。本案中，未来电视公司就其所主张微鲸公司实施了提供涉案作品的行为，已完成初步的证明责任，从未来电视公司的证据视频中无法正确、完整、清楚显示被链接网页原貌，故无法直接得出微鲸公司提供的是链接服务。微鲸公司主张其仅提供网络链接服务，还应就此承担举证责任，其提交的证据不足以证明其主张的，应承担不利后果。其虽提交了公证书、技术说明，但该组证据系为诉讼取证需要重新上架作品后的技术演示公证，该行为与本案被控侵权行为非同一行为，不能证明两者作品来源方式相同。因该事实的举证责任在微鲸公司，其不能举证证明所实施的仅为链接服务，故应承担举证不能的不利后果。一审法院认定微鲸公司的行为属于未经许可的信息网络传播行为，侵犯了被上诉人对涉案作品享有的信息网络传播权，并无不当。未来电视公司诉请的侵害信息网络传播权的行为与其主张的被控竞争行为系同一行为，该侵权行为已被认定侵害未来电视公司享有的信息网络传播权，不应适用反不正当竞争法予以规制。未来电视公司该项上诉请求缺乏法律依据，法院不予支持。总结起来，本案确立如下裁判规则：(1) 网络服务提供者主动设置与其他网络服务提供者的网络地址、名称、标识、网站首页、网页的链接，正确、完整、清楚显示被链接网页原貌的，应当认定为链接服务。但不能仅以网络服务提供者使用了链接技术，认定其提供的服务为链接服务；(2) 网络服务提供者主张其提供的是链接服务的，应承担举证责任；(3) 侵害信息网络传播权的行为与原告主张的被控不正当竞争行为系同一行为，该侵权行为已被认定侵信息网络传播权，不应再适用反不正当竞争法予以规制。

编写人：天津市第三中级人民法院　王颖鑫

38

APP 网络在线播放影视作品责任承担的判定

——捷成华视公司诉叭咕叭咕公司侵害作品信息网络传播权案

【案件基本信息】

1. 裁判书字号

湖北省高级人民法院（2019）鄂民终 24 号民事判决书

2. 案由：侵害作品信息网络传播权纠纷

3. 当事人

原告（被上诉人）：捷成华视公司

被告（上诉人）：叭咕叭咕公司

【基本案情】

捷成华视公司经授权，获得涉案影视作品《大鱼海棠》独家、专有的信息网络传播权，并有权以自己名义向侵权人提起侵权指控。经查，“天天视频”安卓手机客户端APP被诉软件由叭咕叭咕公司开发、运营，拥有庞大用户群。经公证证据保全，叭咕叭咕公司通过该被诉软件向用户公开提供了涉案影视片的在线网络播放服务。叭咕叭咕公司为该被诉软件开发者，未经捷成华视公司授权，通过该软件向公众提供涉案该片的在线播放服务，主观上存在过错，造成捷成华视公司较大的经济损失。故向法院提起诉讼，请求叭咕叭咕公司立即停止提供涉案影视作品《大鱼海棠》网络传播服务、赔偿捷成华视公司经济损失及合理费用。叭咕叭咕公司以涉案侵权行为非其所为请求驳回捷成华视公司的全部诉讼请求。

【案件焦点】

1. 捷成华视公司对涉案影视片是否享有信息网络传播权；2. 被诉行为是否构成信息网络传播行为及是否构成侵权；3. 本案被诉行为法律责任主体应如何确定；4. 本案民事责任应如何承担。

【法院裁判要旨】

湖北省武汉市中级人民法院经审理认为：捷成华视公司经过影视片出品人授权，继受取得涉案《大鱼海棠》影视片独家、专有的信息网络传播权，其权利来源合法、有效，应受法律保护。叭咕叭咕公司设计开发“天天视频”APP，并将该APP在应用商店中进行加推。手机终端在移动联网状态下，下载涉案APP进行安装，根据软件提示，可以搜索并点击播放包括涉案《大鱼海棠》在内的多部影视片。叭咕叭咕公司通过架设在联网状态下的APP商店，搭建一个带有影视内容的影视播放平台，可供公众随意下载、安装，实现选定影视节目内容的播放功能。公众亦可通过该播放软件浏览、观看、下载选定网络影视信息内容，该播放软件具有帮助公众实现获得信息网络内容进行传播的功能。该软件登记信息显示，叭咕叭咕公司为该软件的开发者，亦由其实际运营。故叭咕叭咕公司是该被诉软件播放平台法律责任的承担主体。且被诉软件播放的涉案影片在剧情、内容等方面均与捷成华视公司涉案权利作品相同，两者为同一影片，被诉软件播放平台提供的该片为捷成华视公司权利作品的复制品。叭咕叭咕公司作为涉案软件开发者，涉案播放软件具有影视资源播放功能，投放公开平台运营后，可能存在侵犯他人著作权的法律风险，叭咕叭咕公司对此明知，但未予充分注意，仍将涉案软件架设于相关的应用平台，任由不特定的公众下载、使用，以期获得更多软件用户，故其主观上存有明显故意，客观上侵犯了捷成华视公司涉案该片的信息网络传播权。因此，叭咕叭咕公司应该承担该项侵权的责任。经济损失赔偿数额，采用法定赔偿方式，按9万元计算，由叭咕叭咕公司给予赔偿。关于合理费用，捷成华视公司不能证明费用实际发生，不予支持。且庭审中，捷成华视公司放弃停止侵权的诉讼请求。

湖北省武汉市中级人民法院依照《中华人民共和国著作权法》第三条第六项、第十条第一款第十二项、第十一条第四款、第十三条、第二十四条、第四十八条第一项、第四十九条第一款，《最高人民法院关于审理著作权民事纠纷案件适用法律若干问题的解释》第七条、第二十六条第一款的规定，作出如下判决：

一、被告叭咕叭咕公司于本判决生效后十日内赔偿原告捷成华视公司经济损失人民币9万元；

二、驳回原告捷成华视公司其他诉讼请求。

一审判决后，叭咕叭咕公司以被诉APP不是其经营且判赔数额过高为由提起上诉，请求依法改判或撤销一审判决，驳回捷成华视公司的全部诉讼请求。湖北省高级人民法院经审理认为：一审判决认定事实基本清楚，适用法律正确，依据《中华人民共和国民事诉讼法》第一百七十条第一款第一项之规定，判决：

驳回上诉，维持原判。

【法官后语】

本案是互联网条件下，利用网络信息技术盗播他人影视作品的典型案件。主要涉及行为性质的认定、责任主体的识别和责任承担的判定等问题。

一、APP网络在线播放他人影视作品行为的性质

未经影视作品权利人许可，利用APP软件在线播放他人影视作品行为为侵犯著作权人信息网络传播权的行为。我国著作权法第十条第十二项规定著作权人享有作品的信息网络传播权，即以有线或者无线方式向公众提供作品，使公众可以在其个人选定的时间和地点获得作品的权利。同时，《最高人民法院关于审理侵害信息网络传播权民事纠纷案件适用法律若干问题的规定》第二条对信息网络定义为“以计算机、电视机、固定电话机、移动电话机等电子设备为终端的计算机互联网、广播电视网、固定通信网、移动通信网等信息网络，以及向公众开放的局域网络”，第三条对侵害信息网络传播权的具体表现进行细化规定为“网络用户和网络服务提

供者未经许可，通过信息网络提供权利人享有信息网络传播权的作品、表演、录音录像制品”，或者“通过上传到网络服务器、设置共享文件或者利用文件分享软件等方式将作品、表演、录音录像制品置于信息网络中，使公众能够在个人选定的时间和地点下载、浏览或者其他方式获得的”。本案中，通过证据保全公证书及其附件可以证明，在手机等终端联网状态下，通过APP应用商城，下载、安装涉案名称为“天天视频”APP的被诉软件，进入该软件内搜索栏搜索涉案影片，可以显示该片影视简介和播放按钮，点击播放按钮即可正常播放搜索影片。以上证据表明，被诉APP为影视播放软件，架设在联网状态下的APP商店，并由此搭建一个带有影视内容的影视播放平台，可供公众随意下载、安装，并在APP内实现选定影视节目内容的播放，该APP软件具有在网络环境下传播并帮助公众获得网络信息内容的功能。涉案APP实质为联网状态下传播影视作品的工具，公众通过该APP可以在选定时间获得影视作品内容，符合侵害信息网络传播权所需手段信息网络化和结果向不特定公众定时定点传播的要件。

二、APP侵权责任主体的识别和认定

APP为自然人或者法人开发、搭建，但APP作为侵害作品信息网络传播权工具时，APP的开发搭建者并不必然是侵权行为的责任主体，还要具体考虑APP本身是网络技术服务提供者还是网络内容服务提供者、APP由谁实际管理运营、APP内侵权作品由谁实际上传分享、侵权主体的主观状态是故意还是应知还是无过错。本案中，通过APP登记信息显示，叭咕叭咕公司为该软件开发者，并架设在应用宝、豌豆荚、小米等应用商店中，公众经过下载安装后形成播放平台，实现影视片播放功能。捷成华视公司主张叭咕叭咕公司为涉案APP的开发者，是被诉APP播放平台法律责任的承担主体，叭咕叭咕公司无相反证据证明其并非涉案APP的开发者，也无证据证明涉案APP非其实际经营、涉案影视片非其上传。亦无证据证明其向公众提供该片网络播放服务时已获原告权利人的授权。在主观状态上，叭咕叭咕公司作为涉案APP开发者，APP内影视资源任由不特定的公众随意下载、使用，且公众能够通过涉案APP浏览、观看相应影视片。故其主观上存有明显故意，客观上侵犯了原告涉案影片的信息网络传播权。因此，叭咕叭咕公司应该承担侵权的法律责任。

三、合理确定判赔数额的依据

我国著作权法第四十九条规定了确定侵犯著作权的赔偿数额的计算方法，依次为权利人的实际损失、侵权人的违法所得、法院酌定赔偿数额。以上规定遵循了侵权责任的填平原则，首先考虑权利人在侵权中遭受的实际损失，损失无法确定再考虑以侵权人通过侵权的违法所得作为替代，以上均不能确定的，由法院根据侵权行为的情节酌定给予50万元以下赔偿。但在审判实务中，因证据原因，权利人的实际损失和侵权人的违法所得均很难得到确定，法院依原告申请或者依职权采取酌定方式确定赔偿数额成为常用的判赔计算方法。但立法上对法院酌定时考虑的因素仅规定为“根据侵权行为的情节”，立法上的抽象概括给法院酌定时自由裁量的空间，同时也给法院裁量带来没有标准可依的困难。本案对判赔数额也采用法院酌定的方式来确定，为保证酌数额的合理性，酌定时对侵权行为情节具体分析为主体、客体、行为、损害结果、主观状态等方面。考虑因素如下：一是客体权利的价值。涉案影片编导演等演艺人员知名度较高，荣获国内外多项专业大奖，公众评价口碑较好，具有较高的知名度。二是行为情节和造成的损害结果方面。叭咕叭咕公司通过被诉APP向公众提供涉案影片播放的时间与该影片在中国内地院线公映的时间间隔距离很近，且被诉APP下载量超过6.5万次，超过800次网友追捧，被诉行为传播影片范围广、速度快，对捷成华视公司的网络利益造成的损害和影响较大。三是侵权人主观上存在明知。明知APP内影视资源未经权利人许可，仍任由公众随意浏览、观看。综上，酌定经济损失按9万元计算。

编写人：湖北省武汉市中级人民法院　邓旭涛

六、不正当竞争纠纷

39

网络竞争环境下数据抓取、使用行为的性质认定

——微梦公司诉复娱公司不正当竞争案

【案件基本信息】

1. 裁判书字号

北京知识产权法院（2019）京73民终2799号民事判决书

2. 案由：不正当竞争纠纷

3. 当事人

原告（被上诉人）：微梦公司

被告（上诉人）：复娱公司

【基本案情】

微梦公司系微博的运营者，《微博服务使用协议》中约定用户同意并授权微博以其名义就侵犯用户合法权益的行为维权等。饭友App系复娱公司运营的追星软件，在饭友App中的明星列表中有众多明星微博界面，对比饭友App和微博中明星微博界面，两个界面的设计和发布的微博内容基本相同，但饭友App展示的转发、评论和点赞数量更为精确，且中没有微博的明星超话、票务信息等部分，同时增加了送花等功能。微梦公司据此认为复娱公司通过技术手段抓取微博数据并在饭友App的微博专题中进行展示，使用户无需新浪微博账号及下载新浪微博APP即可浏览微博内容，使用微博服务；同时在饭友APP的微博中恶意屏蔽微博多项功能，并

嵌入其自有功能，违反了反不正当竞争法第十二条第二款第四项、第二条，构成不正当竞争。

复娱公司则认为其与微梦公司不存在竞争关系，饭友App中相关界面及内容系链接至微博，并未抓取微博数据，且未屏蔽微博功能，其添加自有功能亦为正当。

【案件焦点】

1. 复娱公司被诉行为的停止时间；2. 微梦公司与复娱公司是否存在竞争关系；3. 复娱公司被诉行为是否对微梦公司构成不正当竞争。

【法院裁判要旨】

北京市海淀区人民法院经审理认为：鉴于被诉行为仍在持续，故本案应适用现行反不正当竞争法。复娱公司与微梦公司作为互联网竞争者，同样提供网络社交服务，且双方在争夺用户并使用网络数据方面亦存在此消彼长的竞争利益，故二者具有竞争关系。

微梦公司作为微博运营者，对微博前后端全部数据享有权益，并通过微博这一生态链实现商业利益。涉案明星微博中的数据对于微梦公司具有商业价值，微梦公司可就他人非法抓取并使用该数据的行为主张权益，有权提起本案诉讼。

饭友APP中展示的微博信息或更具体或不完整，结合“链接”行为的本质和目的，复娱公司辩称其设置“链接”理由不成立，其系直接抓取并展示微博后台数据。该行为使饭友App用户无需注册或登录微博账号即可查看微博全部内容，影响微博用户协议履行，破坏了微博数据的展示规则，且对微博的部分内容构成实质性替代，分流了微梦公司的潜在用户流量，妨碍、破坏了微博的正常运营，构成不正当竞争；而对于微梦公司主张复娱公司屏蔽微博功能并添加自由功能，系复娱公司抓取微博数据行为产生的结果之一和前述不正当竞争行为的非法获利，故不再进行单独评价。

综上，北京市海淀区人民法院依照《中华人民共和国反不正当竞争法》第二条、第十二条、第十七条，以及《中华人民共和国民事诉讼法》第六十四条之规定，判决：

一、本判决生效之日起，被告复娱公司立即停止安卓版饭友APP上的被诉不正当竞争行为；

二、本判决生效之日起三十日内，被告复娱公司在激动网（网址为 www.joy.cn）首页连续七十二小时刊登声明，就被诉不正当竞争行为为原告微梦公司消除影响（声明内容须经法院审核，逾期不履行，法院将根据原告微梦公司申请，在相关媒体公布判决主要内容，费用由被告复娱公司承担）；

三、本判决生效之日起十日内，被告复娱公司赔偿原告微梦公司经济损失193.2万元及合理开支16.8万元；

四、驳回原告微梦公司的其他诉讼请求。

二审法院北京知识产权法院同意一审法院的裁判意见。

【法官后语】

大数据时代之下，网络竞争已经成为市场竞争的主战场之一，而在网络环境中，“数据”是网络经营者们进行业务拓展、平台运营的重要基础性资源，尤其在获取新流量并实现变现逐渐困难的当下，数据也成为相关从业者竞相争夺的对象。而网络竞争中竞争关系的认定、数据的权益归属、数据竞争行为的正当性判断等问题均是互联网环境下数据竞争所关注的问题。

一、竞争关系的认定

竞争关系是反不正当竞争法体系下需考量的一项因素，部分经营者亦常采用与权利人不存在竞争关系的抗辩来逃避责任。在数据已经成为信息社会基础性资源的背景下，数据的使用范畴很广，并不会因双方并非经营同一类型或类似产业而存在障碍，故司法实践倾向于从广义的角度认定竞争关系；如双方吸引争取的网络用户群体存在此消彼长或必然性对应关系，即可认定双方存在竞争关系。当然，部分案件中，竞争关系的考虑因素不一定非要双方用户群体“此消彼长”，也可能双方的用户群体都在增长，但如一方不恰当借助对方的经营资源，造成对方合法经营利益的损害，亦可认定存在竞争关系。

二、数据权益的归属

（一）用户协议与数据权益的认定

实践中用户协议约定数据权益归属的情况较为常见，正如本案中微博平台的用户注册一般需勾选《微博服务使用协议》，而根据该协议约定，微博平台运营者对用户发布在新浪微博平台上的内容享有独家权利并可享有转授权之权利；在提供微博服务过程中可以各种方式投放各种商业性广告或其他任何类型的商业信息并向用户发送此类信息；为用户提供包括信息发布共享、关系链拓展、平台应用程序等功能、软件和服务等。这一约定作为民事主体为自身权利义务安排所自行达成的协议，并未违反法律禁止性规定，应为有效。而基于此协议下平台对数据享有权益的约定亦为有效。

（二）用户创造的数据是否影响平台数据权益的认定

从数据的形成来看，用户信息、微博内容等均是由用户直接生产；而平台对用户所生产的零散数据进行收集、整合。在当前的数据竞争纠纷中，包括微博平台在内的平台经营者，所主张的数据是“整体”的数据，这种整体数据是平台在用户个体创造的数据基础上，投入大量成本整合、梳理出的，并通过页面布局、账号内容等在内的设计综合形成的数据，是其吸引用户注册、使用的重要因素，是推进平台运营发展、完善产品服务、提升用户体验的重要来源。因此，可以为平台运营者带来极高的商业价值，这类数据应受到法律保护。

但是，数据所具有基础性资源之属性，加上涉案数据往往含有大量与个人信息相关的数据等特点，使得在判断平台经营者是否对涉案数据享有合法权益时，还要结合其他相关法律进行理解。例如，网络安全法对网络竞争者收集使用网络用户个人信息进行了更加严格的规定，如果平台经营者收集、使用网络用户个人信息时违反了这些规定，则可能导致其基于此收集的数据并形成的数据产品缺乏合法性基础而不能主张反不正当竞争法上的权益。

三、数据竞争行为的正当性判断

在判断数据竞争行为是否正当时，首先，需区分个案中涉案数据的类型和被诉行为的具体行为表现。不仅要考虑被告抓取的数据属于何种类型，如是原始数据还是数据产品，是公开数据还是非公开数据，还要考虑具体行为表现，只抓取未使用和抓取并使用数据的行为，抓取后直接展示使用和抓取后经过整理、编辑和二次开发后形成新的数据产品的行为，通过垂直搜索等技术使用他人数据的行为等不同类型的行为，均有不同的评判要点，不能一概而论。需要强调的是，无论被诉行为以何种表现形式加以呈现，在判断其正当与否时，虽要结合数据所有者、数据使用者以及消费者三方因素进行充分考量，但依据反不正当竞争法的规定并在行为构成要件框架下进行分析更为关键，“行为”始终是在判断被诉行为是否处于正当边界之内的首要考虑因素。

其次，针对本案中类似的绕开或破坏他人技术保护措施所实施的抓取和展示数据的行为，在对其的正当性判断上，可以从对平台用户协议的履行及数据独家权益受到的影响、数据安全的投入及回报、数据展示规则的完整性、是否对原平台构成实质性替代、对原平台基于数据权益可产生的经济收益的影响等角度，对涉案行为是否妨碍、破坏了原平台的正常运营进行认定，从而对涉案行为正当与否进行判断。

另外需要强调的是，在判断数据竞争行为正当性时，还要区分技术、商业模式本身，以及通过新技术或基于新商业模式实施的竞争行为。数据竞争行为常常与技术创新相联系，诚然，在网络竞争环境之下，为了更加高效、全面的获取数据确实会激发技术创新，但技术本身的创新性并不当然意味着依托于该种创新技术下的行为均是合法正当的，正如本案中饭友 App 抓取微博信息的方式必然用到了与此前不同的数据获取技术，但利用该种技术破坏微博技术措施而实施的涉案行为并不正当。而新商业模式的运行和基于商业模式下所进行的行为的正当性之间亦无必然对应关系，如本案中饭友 App 的商业模式即通过汇集包括明星微博在内的明星信息并向粉丝们提供，通过粉丝充值、广告等获取经济利益，该种商业模式本身并无不正当性，但在该种商业模式下其可以选择通过获得微博授权等合法方式获取微博数据，但其未经许可非法抓取并展示微博数据，妨碍、破坏了微博正常运营，该种商业模式下的行为系不正当。因此，在判断被诉行为是否正当时，仍然应该从行为本身入手，而不能因为被告采取的技术属于创新性技术或开发的商业模式符合时代发展，即允许其以此为借口侵害他人合法权益。

编写人：北京市海淀区人民法院　张璇　李思頔

40

行业协会会员滥用协会法人资格实施不正当竞争行为的认定和规制

——指南针公司诉建材协会、吴某礼不正当竞争案

【案件基本信息】

1. 裁判书字号

重庆市第一中级人民法院（2019）渝01民终1026号民事判决书

2. 案由：不正当竞争纠纷

3. 当事人

原告（上诉人）：指南针公司

被告（上诉人）：建材协会

被告（被上诉人）：吴某礼

【基本案情】

指南针公司的经营范围包括生产、销售建筑通风烟道、阀门等，在与多捷茂公司、任瑞烟道厂就重庆市公共住房开发建设投资有限公司开发的重庆空港佳园公共租赁住房建设工程中使用的烟道防火止回阀项目竞标后，其产品被重庆市地产集团纳入指定产品。2018年4月15日，重庆市机制排烟气道专委会（以下简称烟道专委会）以渝机制烟道专字（2018）12号文件分别致函重庆市地产集团及其项目部，称指南针公司的防火止回阀与标准规范要求不符合，不能满足相关要求，指南针公司自行委托鉴定机构出具的检测报告不具备权威公正性，希望地产集团慎重，不产生麻烦影响工程验收等。函末留有工作联系电话。该电话号码使用者为吴某礼，其系建材协会二级分会烟道专委会的负责人，又是小米品牌防火止回阀产品的重庆总代理、多捷茂公司的股东和经理，还是重庆云帆保温材料有限公司（以下简称云帆

公司）的法定代表人和股东，后者系万居品牌防火止回阀的重庆总代理，小米牌、万居牌防火止回阀与指南针公司的产品同为公租房指定品牌，多捷茂公司和云帆公司均为重庆市地产集团的供货商。指南针公司认为，该函针对其产品质量现状所作的陈述无事实依据，属于捏造事实、曲解相关标准，构成商业诋毁。

【案件焦点】

1. 建材协会能否被认定为反不正当竞争法规定的经营者，本案被控侵权行为的行为主体是谁；2. 被控侵权行为是否构成商业诋毁；3. 吴某礼与建材协会应否共同承担责任，以及承担何种责任。

【法院裁判要旨】

重庆市渝北区人民法院经审理认为：烟道专委会系建材协会的二级分会，其会员均为从事排烟气道市场经营者，其实施行为的最终获益者是该专委会的会员，烟道专委会事实上间接参与了排烟气道市场的竞争，故应受到反不正当竞争法的规制，鉴于烟道专委会并未登记，故其行为应由该专委会的上级机构建材协会承担责任；指南针公司并未举示充分有效的证据证明《工作联系函》系吴某礼个人行为，故吴某礼主体不适格；烟道专委会在《工作联系函》中的陈述并无事实依据，且存在误导性陈述，构成商业诋毁。

重庆市渝北区人民法院依照《中华人民共和国民法总则》第一百七十九条，《中华人民共和国反不正当竞争法》第二条、第十一条、第十七条，《中华人民共和国民事诉讼法》第一百四十二条的规定，作出如下判决：

一、建材协会立即停止向第三人发布与案涉函件内容相同的商业诋毁内容；

二、建材协会赔偿指南针公司经济损失 30000 元；

三、驳回指南针公司的其他诉讼请求。

指南针公司、建材协会不服一审判决，提起上诉。重庆市第一中级人民法院经审理认为：首先，反不正当竞争法上经营者的认定，应采用“行为标准”，即不论其主体资格如何，只要其从事或参与了商品生产、经营或者提供服务的市场行为，均应认定为反不正当竞争法上的经营者。据建材协会章程所载服务内容，其可构成反不正当竞争法意义上的经营者。其次，案涉函件本质上直接参与到烟道专委会非会员与其客户之间的经营活动中，该函件超出了烟道专委会的业务职责范围，烟道专委会与其会员单位多捷茂公司在人员、场地和其他方面具有高度的重合性，吴某礼作为多捷茂公司的股东和总经理，具有加盖烟道专委会印章的条件和便利性等因素，吴某礼与烟道专委会应系案涉被控侵权行为的共同行为主体。最后，案涉函件在无任何根据的情况下作出，即便事后能证明该函件内容的真实性，该行为仍然有违经营者应当遵守的理性、诚信的商业道德进而具有不正当性，理应禁止。

重庆市第一中级人民法院依照《中华人民共和国民法总则》第一百七十九条，《中华人民共和国反不正当竞争法》第十一条、第十七条，《中华人民共和国侵权责任法》第八条，《中华人民共和国民事诉讼法》第一百七十条第一款第二项规定，作出如下判决：

一、撤销重庆市渝北区人民法院（2018）渝0112民初10211号民事判决；

二、吴某礼立即停止发布与案涉函件内容相同或近似的函件；

三、吴某礼向重庆地产集团、重庆市地产集团培都佳园项目部发出书面声明以消除影响；

四、吴某礼、建材协会向指南针公司支付为制止侵权行为所支付的合理费用25000元；

五、驳回指南针公司的其他诉讼请求。

【法官后语】

实践中，经营者通过控制行业协会并以行业协会的名义来实施不正当竞争的现象越来越普遍。本案突破传统思维，结合相关证据认定行业协会和控制行业协会且实际受益的会员构成共同侵权，对规制滥用行业协会名义实施不正当竞争的行为具有一定的指导意义。行业协会作为非营利性法人，具有维护行业竞争秩序、促进行业发展的作用。但行业协会毕竟是代表其会员利益的服务组织，其服务会员的目的有时与维护行业秩序存在冲突。

本案涉及以下三方面的问题：一是行业协会是否属于反不正当竞争法上的经营者。行业协会参与市场竞争的行为是否受反不正当竞争法规制；二是如何规制行业协会会员滥用行业协会法人资格逃避不正当竞争法律责任的行为；三是界定反不正当竞争法第十一条规定的“虚假信息”的时间点应以信息发布时为准还是以界定时为准。前述问题，理论和实务均存争议。本案从反不正当竞争法对经营者的定义出发，确立了以“行为标准”界定经营者的裁判规则，对规范行业协会的市场竞争具有积极的引导作用；对于会员滥用行业协会法人资格的行为，本案从民事行为的基本理论出发，将行业协会会员滥用协会法人资格的行为纳入反不正当竞争法的规制范畴，有利于净化市场竞争环境；对于反不正当竞争法第十一条规定的“虚假信息”的界定，本案从行为本身的正当性入手，其论证角度新颖、结论具有说服力，且具有参考价值。

编写人：重庆市第一中级人民法院　周映

41

商标间接侵权的判定标准

——育达威公司诉温莎公司、马鞍山幼儿园侵犯商标权及不正当竞争案

【案件基本信息】

1. 裁判书字号

北京知识产权法院（2019）京73民终2537号民事判决书

2. 案由：侵犯商标权及不正当竞争纠纷

3. 当事人

原告（被上诉人）：育达威公司

被告（上诉人）：马鞍山幼儿园、温莎公司

【基本案情】

比考特公司在中国大陆注册了三个“温莎”文字商标和一个“Windsor”英文商标（以下简称涉案商标）。其中仅英文“Windsor”商标核定使用在第41类学校（教育）等相关服务上，其余三枚商标均核定使用在非学校教育类服务。经比考特公司的授权许可，原告育达威公司取得在中国大陆范围内独占使用和再许可涉案商标的权利。被告温莎公司未经原告许可，擅自将“温莎”商标注册为企业名称，并

开办了被告马鞍山幼儿园，且在幼儿园内装饰装潢、微信公众号等上使用涉案商标。被告马鞍山幼儿园明明未在北京开设幼儿园，却在其招生和宣传过程中宣称其总部在北京、在北京有两所温莎幼儿园等。原告认为二被告的行为侵害了其依法享有的商标权并构成不正当竞争。

【案件焦点】

1. 育达威公司是否为侵害商标权的适格主体；2. 温莎公司、马鞍山幼儿园是否实施侵害涉案商标权行为；3. 双方是否构成修订前的《中华人民共和国反不正当竞争法》所规定的“经营者”；4. 温莎公司、马鞍山幼儿园是否实施涉案不正当竞争行为。

【法院裁判要旨】

北京市石景山区人民法院经审理认为：第一，二被告是否实施侵害涉案商标权的行为。被告幼儿园未经权利人的许可，在其园内、相关网站及微信公众号上的显著位置突出使用“Windsor”字样，容易导致相关公众的混淆，属于侵害涉案商标“Windsor”注册商标专用权的行为；被告温莎公司作为被告幼儿园的投资人和股东，且作为含有涉案商标“Windsor”的图文标识的商标注册申请人，其亦应当知晓上述侵权行为，属于共同侵权。

第二，二被告是否实施涉案不正当竞争行为。原告的“温莎”和“Windsor”注册商标在教育服务上及相关公众中已具有一定的知名度。二被告在企业名称及实际经营中，利用“温莎”与“Windsor”在国内中英文翻译中的对应关系，将“温莎”作为字号用于各自的企业名称中，其主观上明显具有攀附四个涉案商标商誉的故意，会造成相关公众混淆或误认，构成不正当竞争行为。

北京市石景山区人民法院判决：二被告立体停止使用侵权，并变更企业字号，同时赔偿原告经济损失及诉讼合理支出共计1385140元，并在《马鞍山日报》及微信公众号上刊登声明，以消除影响。

二被告不服一审判决，向北京知识产权法院提起上诉，北京知识产权法院经审理认为：在幼儿园的网站、微信公众号和园内装潢上，马鞍山幼儿园大量使用了“Windsor”字样，且专门设计了含有“Windsor”字样的图标，显然已具备了区分商品或服务来源的作用，且温莎公司曾申请注册过含有“Windsor”字样的商标以供马鞍山幼儿园使用。故马鞍山幼儿园的行为构成商标侵权。温莎公司既为马鞍山幼儿园的股东，亦曾代马鞍山幼儿园申请注册过含有“Windsor”的商标，故可推知温莎公司知晓马鞍山幼儿园使用“Windsor”商标的意图，且具有帮助马鞍山幼儿园实施侵权行为的故意，故构成共同侵权。关于不正当竞争，如一审判决所言，易使相关公众对服务来源产生混淆。据此二审法院驳回了二被告的上诉请求，维持一审判决。

【法官后语】

本案涉及的焦点问题之一便是知识产权领域的共同侵权问题，马鞍山幼儿园在园内装潢、宣传册等上使用侵权商标的行为属于直接侵权，而温莎公司虽并未直接实施侵权行为，但作为马鞍山幼儿园的实际控制人，且为马鞍山幼儿园申请注册过侵权商标，其行为可以认定为间接侵权。

在商标侵权领域，直接侵权是指直接实施了商标法第五十二条所禁止的商标侵权行为，即在未经权利人许可的情况下，且缺乏法定免责事由而使用了他人商标；间接侵权从表面而言，其并不属于商标权人控制的范围，但由于其教唆、引诱、帮助他人实施了商标直接侵权行为，或为直接侵权提供了便利条件，故依然受到法律的禁止，应当承担侵权责任。

总体而言，商标间接侵权可以分为两大类型，一是诱导型侵权，二是帮助型侵权。顾名思义，诱导型侵权是指间接侵权人通过明示或暗示的方式引诱他人实施侵权行为；帮助型侵权则是为直接侵权提供各类帮助和便利条件，如提供场地、设施工具等。

通常而言，商标间接侵权应当具备如下构成要件：

1. 主观上具有过错。即间接侵权人明知或应知侵权行为的存在或者即将发生侵权行为，依然教唆或提供帮助。对于直接侵权行为，只要侵权人实施了商标法所禁止的行为，即可推定其具备主观上的过错，但间接侵权行为由于并未落入商标禁用权的范围，其仅发挥辅助性的作用，故要证明间接侵权人具有主观过错，需要商标权人承担举证责任。例如，曾向间接侵权人发送过律师函，或者如本案中，温莎公司在马鞍山幼儿园正式设立前曾经申请注册过含有侵权标志的商标，以供马鞍山幼儿园实施商标侵权行为，据此可以推知温莎公司知晓马鞍山幼儿园即将实施侵权行为，而依然为其提供帮助。

2. 客观上实施了教唆、引诱、帮助等行为。间接侵权行为不仅包括积极的作为，即主动提供帮助、教唆引诱他人，同时包括消极的不作为，即在其有责任制止侵权行为的发生时选择漠视的方式，未及时采取有效措施。例如，电商平台在明知或应知其平台上存在侵权产品时却采取不作为的方式，则有可能构成间接侵权。

3. 造成一定损害。间接侵权通常与直接侵权相伴共生，直接侵权往往给商标权人造成了直接的损失，而间接侵权往往导致损害结果的扩大或促成了损害结果的发生。

4. 侵权行为与损害结果之间存在因果关系。间接侵权虽并未直接导致损害结果的发生，但其行为对损害结果的发生产生了推动、促进作用，依然存在因果关系。

当然，任何权利都应当受到一定的限制，我们一方面将对商标权人的保护扩大到间接侵权，另一方面也应当为间接侵权人提供一定的救济，尤其是对于帮助型侵权。当间接侵权人及时发现并制止了直接侵权行为时，则应当在一定范围内免除其责任，如针对网络服务平台间接侵权责任中设置的“通知—删除”规则，即对间接侵权人提供的一种有效救济途径。

编写人：北京知识产权法院　唐蕾

42

商标与企业字号权利冲突的处理及认定

——卡尔斯伯格公司诉嘉士伯啤酒公司等侵害商标权及不正当竞争案

【案件基本信息】

1. 裁判书字号

北京知识产权法院（2019）京73民终1582号民事判决书

2. 案由：侵害商标权及不正当竞争纠纷

3. 当事人

原告（被上诉人）：卡尔斯伯格公司

被告（被上诉人）：嘉士伯啤酒公司、张某臣、戴某君

被告（上诉人）：金孚龙公司

【基本案情】

原告卡尔斯伯格公司成立于1847年，总部位于丹麦哥本哈根，1876年，原告生产的嘉士伯啤酒首次出口到中国，2010年至2014年，其经营的41家啤酒厂在中国市场占有较大市场份额。原告卡尔斯伯格公司系涉案7个“嘉士伯”“Carlsberg”系列注册商标的专用权人。在商标局编制的1999年和2000年全国重点商标保护名录中均包括“嘉士伯”和“Carlsberg”商标。原告卡尔斯伯格公司通过在电视台、互联网络、户外广告牌上投放大量广告、赞助重要足球赛事等方式宣传自己的品牌及产品。

被告嘉士伯啤酒公司成立于2015年，经营范围为批发、零售：预包装食品、酒水、日用百货。被告张某臣系被告嘉士伯啤酒公司的法定代表人及唯一股东。被告金孚龙公司成立于2003年，经营范围为啤酒（熟啤酒、鲜啤酒、特种啤酒）等。

嘉士伯啤酒公司网站上方显示有“山东嘉士伯啤酒”，网页图片上突出显示有“山东嘉士伯啤酒”字样和倒数第二个字母正上方带有雪花状图案且下方带有波浪线装饰的“Ciepton”标识，“品牌文化”一栏中显示：山东嘉士伯是深受世人喜爱的高档啤酒……结合之下酿造出纯正的欧洲品味，在全球超过150个国家广受欢迎。在超过160年的时间里，山东嘉士伯将各方好友引领一堂。

2017年4月14日，原告卡尔斯伯格公司的委托代理人与公证人员在“金孚龙公司”的经营场所，购买了啤酒16箱并取得了《工商服务业统一收款收据》和名片各一张。收据在客户名称一栏中注明为“嘉士伯啤酒公司”并盖有公司公章。

戴某君在其“MIKE FOOD”店铺销售了包装箱及啤酒易拉罐外侧均标有文字“嘉士伯啤酒公司监制”“授权生产商：金孚龙公司”等字样的山东嘉士伯特醇和冰纯啤酒。

综上，原告请求法院判令四被告立即停止生产、销售侵权产品，连带赔偿原告经济损失及维权合理支出共计108万元，并判令被告嘉士伯啤酒公司变更企业名称。四被告不同意原告的全部诉讼请求。

【案件焦点】

1. 原告主张被告实施的涉案行为是否构成商标侵权；2. 若涉案行为构成商标侵权，各被告应当承担的法律责任；3. 原告主张被告嘉士伯啤酒公司企业名称涉嫌仿冒等行为是否构成不正当竞争及其应当承担的法律责任；4. 若商标侵权或不正当竞争行为成立，本案的赔偿数额应如何确定。

【法院裁判要旨】

北京市石景山区人民法院经审理认为：商标侵权，各被诉侵权标识分别与原告享有的6枚“嘉士伯”系列注册商标，在构成要素、要素位置及排列组合方式、设计风格和整体视觉效果等方面高度近似，且均使用在啤酒上或与啤酒相关的宣传中，极易导致相关公众混淆误认。被告嘉士伯啤酒公司、金孚龙公司共同实施了生产、销售被诉侵权商品的行为，侵犯了原告6枚“嘉士伯”系列注册商标的专用权。现无证据及事实证明，被告张某臣个人实施了涉案侵权行为，因此不能仅凭其法定代表人及唯一股东身份即认定其应为涉案侵权行为承担法律责任，故对于原告针对被告张某臣的诉讼主张不予支持。

关于不正当竞争，被告嘉士伯啤酒公司成立于2015年12月，在无任何正当理由或合法授权许可情况下，其将原告知名注册商标“嘉士伯”作为企业字号使用，并从事同类商品的生产经营，极易导致一般公众的混淆误认，认为其与原告之间存在特定关系。故被告嘉士伯啤酒公司的行为违背了诚实信用原则，明显具有攀附原告商誉获取不正当竞争优势的主观故意，构成不正当竞争。且结合本案具体情况，即使嘉士伯啤酒公司规范使用其企业名称亦会导致一般公众混淆误认，故其应当变更企业名称以停止不正当竞争行为。

针对被告嘉士伯啤酒公司关于其名称是依法经工商登记部门核准后登记以及姓名权作为企业法人的基本人格权应该得到法律的保护和尊重，不能仅因名称与商标类似就单方面排除等抗辩意见，法院认为：首先，原告卡尔斯伯格公司长期在啤酒商品上经营“嘉士伯”品牌，在国际上享有较高的知名度，在中国也享有较高的知名度，因此该品牌名称已经与原告之间建立起稳定的对应关系，并蕴含了巨大的商业价值。被告嘉士伯啤酒公司的企业名称虽然依法经过相关行政机关核准登记，但其企业名称依然不得损害他人合法的在先权利。其次，“嘉士伯”并非一个有明确含义的用语，嘉士伯啤酒公司对其企业名称的由来，不能做出正当合理的解释。最后，纵观全案查明的事实，嘉士伯啤酒公司明显具有先注册与原告品牌相同名称的企业名称，再利用其企业名称推销同品牌啤酒商品，借以误导消费者达到增加销量、获取不正当竞争优势的目的，其主观恶意非常明显。故对上述抗辩不予采纳。

此外，嘉士伯啤酒公司在其网站中使用“山东嘉士伯是深受世人喜爱的高档啤酒……结合之下酿造出纯正的欧洲品味，在全球超过150个国家广受欢迎”等宣传用语，明显指向原告卡尔斯伯格公司及其“嘉士伯”品牌和商品而与嘉士伯啤酒公司无关，足以造成相关公众误解，属于引人误解的虚假宣传行为。

关于赔偿损失的数额，由于卡尔斯伯格公司未举证证明其因商标侵权及不正当竞争行为所受实际损失或对方侵权的违法所得，故依法适用法定赔偿并综合考虑原告涉案商标及其啤酒商品知名度和品牌商业价值、被告具体侵权行为性质、时间及后果、涉案商品性质等因素予以确定。

综上，依照《中华人民共和国民法通则》第四十三条，《中华人民共和国商标法》第五十七条、第五十八条、第六十三条第一款、第三款、第六十四条第二款、修订后的《中华人民共和国反不正当竞争法》第六条第四项、第八条第一款、第十七条第一款、第三款、第四款，《中华人民共和国公司法》第三条第一款，《中华人民共和国民事诉讼法》第六十四条第一款、第七十条之规定，作出如下判决：

一、被告嘉士伯啤酒公司、金孚龙公司于本判决生效后立即停止生产、销售带有侵权标识的啤酒商品，被告戴某君立即停止销售带有侵权标识的啤酒商品；

二、被告嘉士伯啤酒公司于本判决生效后立即停止在企业名称中使用“嘉士伯”字号，并于本判决生效后三十日内变更登记企业名称；

三、被告嘉士伯啤酒公司于本判决生效后十日内赔偿原告卡尔斯伯格公司经济损失973709元以及诉讼合理支出106291元，共计1080000元，被告金孚龙公司对上述经济损失中的800000元及诉讼合理支出106291元共计906291元承担连带赔偿责任；

四、驳回原告卡尔斯伯格公司其他诉讼请求。

金孚龙公司不服一审判决，提起上诉。北京知识产权法院同意一审法院裁判意见。依照《中华人民共和国民事诉讼法》第一百七十条第一款第一项之规定，作出判决如下：

驳回上诉，维持原判。

【法官后语】

本案系一起有影响的重大疑难复杂的涉外案件。不仅涉及来自丹麦的酿酒集团卡尔斯伯格公司及其国际知名的“嘉士伯”啤酒品牌，且涉及对原告“嘉士伯”“Carlsberg及图”等系列注册商标专用权的侵犯和多个不正当竞争行为。本案的处理结果对于规范企业命名、有力打击侵害他人知名注册商标专用权及攀附他人商誉的不正当竞争行为、平等有效地保护外国权利人合法权益等均具有典型意义。

本案涉及企业名称中的字号与商标之间发生权利冲突的处理及认定。商业标识是指在生产经营等商业活动中使用的可以用来识别和区分商品或服务来源的各种标志，包括注册和未注册的商标标识、商品名称、包装、装潢、企业名称（含字号）、域名等。可见，无论注册商标、未注册驰名商标还是企业名称及字号，均属于商业标识，并分别依照商标法和民法总则等享有商标权和企业名称权。但在现实中，由于商标权和企业名称权的法律性质不同，登记主管行政机关不同，商标注册登记实行全国统一管理而企业名称登记则由各级地方机关分层管理，故由相同或近似文字构成的商标和企业名称则有可能被不同主体登记注册。在此种情况下，可能形成两种权利冲突的情形，一种是将他人已注册商标或未注册驰名商标作为企业名称中的字号使用，另一种则是欲将他人在先使用的企业字号作为商标注册。而上述两种情形是否违反相关法律法规的规定则需要结合个案具体情形进行具体分析。在在先权利具有一定知名度或影响的情况下，上述两种行为通常会成为“傍名牌”的典型形式。

《中华人民共和国商标法》第三十二条规定，申请商标注册不得损害他人现有的在先权利。因此，当在后申请注册商标与在先企业名称或字号发生冲突时，即应适用商标法第三十二条进行认定和判断。当在后企业名称中的字号与在先商标发生权利冲突，将与他人在先商标相同或近似的文字作为企业名称中的字号使用时，则需要区分在先商标为注册商标还是未注册驰名商标，以及在后企业名称中的字号是否进行了突出使用等具体情况。若在先商标为注册商标且进行了突出使用，应结合《最高人民法院关于审理商标民事纠纷案件适用法律若干问题的解释》第一条第一项“将与他人注册商标相同或者相近似的文字作为企业的字号在相同或者类似商品上突出使用，容易使相关公众产生误认的属于商标法规定的给商标权造成其他损害”的规定，判断是否容易导致相关公众混淆误认，进而以此为根本依据确定是否构成商标侵权。该条司法解释将适用的情形限定为他人注册商标且突出使用的合理性在于，此种情形下将企业名称中的字号突出使用会起到注册商标标识意义上的识别作用，因此符合商标侵权的内涵且不违背商标法的确定性和立法精神。若在先商标为未注册驰名商标，鉴于虽然《中华人民共和国反不正当竞争法》（以下简称反不正当竞争法）亦对未注册商标标识提供保护，但商标法主要是从禁止抢注的角度进行保护，因此，防止对未注册驰名商标的滥用需适用反不正当竞争法解决。商标法第五十八条规定，将他人注册商标、未注册的驰名商标作为企业名称中的字号使用，误导公众，构成不正当竞争行为的，依照《中华人民共和国反不正当竞争法》处理。由此可知，将他人未注册驰名商标作为企业名称中的字号突出使用或将他人注册商标或为注册驰名商标作为企业名称中的字号且未突出使用时，应依照商标法第五十八条规定的指引，适用反不正当竞争法判断是否构成对公众的误导和是否构成不正当竞争。另一个值得关注的问题为当指引到反不正当竞争法中处理后，应适用反不正当竞争法第二条第一款、第二款的原则条款进行定性和判断，还是应适用该法第六条第四项中仿冒混淆行为的兜底条款进行判断，对此笔者认为，若涉案行为符合仿冒混淆行为的本质特征，则可以引用反法第六条第四项进行法条适用，否则可引用反不正当竞争法第二条原则条款。

在此种情形的具体认定过程中，需要综合考虑在先注册商标的知名度和显著性，在后企业名称的使用是否有正当理由或依据以及当事人是否具有攀附他人商誉、获取不正当竞争优势的主观恶意，并以是否会导致相关公众混淆误认作为根本判断依据。本案中，被告嘉士伯啤酒公司在无任何正当理由或合法授权许可情况下，将卡尔斯伯格公司显著性较强的知名注册商标作为企业字号使用，并从事同类啤酒商品的生产经营的行为，极易导致一般公众的混淆误认，明显具有攀附他人商誉的主观故意，故应当变更企业名称以停止不正当竞争。

编写人：北京市石景山区人民法院　易珍春　王晓露

43

互联网环境下经营主体竞争关系及企业名称影响力的认定

——北京快手公司诉杭州快手公司擅自使用他人企业名称案

【案件基本信息】

1. 裁判书字号

杭州市中级人民法院（2019）浙01民终2404号民事判决书

2. 案由：不正当竞争纠纷

3. 当事人

原告（被上诉人）：北京快手公司

被告（上诉人）：杭州快手公司

【基本案情】

北京快手公司于2015年3月20日成立，经营范围包括：技术开发、软件开发、软件咨询、数据处理、从事互联网文化活动等。北京快手公司获得不同主体颁发的各项荣誉称号及奖项，产品“快手”APP在腾讯应用宝上下载量高达17亿，且公司对其商标和企业字号进行大量使用和宣传。杭州快手公司于2018年1月18日成立，经营范围包括：技术开发、互联网技术、“互联网+”跨界整合整体服务等。北京快手公司通过“58同城”（https：//qy. 58. cm）搜索杭州快手公司，出现杭州快手公司企业信息、经营范围等以及招聘信息，招聘职位包括淘宝美工、产品审核、网络服务等。北京快手公司认为杭州快手公司使用“快手”字号，构成不正当竞争。遂诉至法院，要求杭州快手公司变更企业名称，登报赔礼道歉、消除影响，并赔偿经济损失及合理费用。

【案件焦点】

1. 北京快手公司与杭州快手公司是否具有竞争关系；2. 北京快手公司的企业

名称是否属于具有一定影响力的企业名称；3. 杭州快手公司登记并使用其企业名称的行为是否构成不正当竞争。

【法院裁判要旨】

杭州铁路运输法院经审理认为：北京快手公司的“快手”字号属于为相关公众所知悉的企业名称和字号。成立在后的杭州快手公司在与北京快手公司重合的经营范围内使用该名称进行运营，开展该领域电子产品的研发，并将对此进行市场宣传，应当知晓上述行为易使相关公众产生混淆，或误导相关公众认为两者具有关联，却未合理避让，使用与北京快手公司的企业名称相同的词语作为字号，具有明显攀附北京快手公司知名度的故意，构成不正当竞争。杭州快手公司经营范围与北京快手公司虽非完全一致，但都包含技术开发、技术推广、技术转让、技术服务等领域，且已实际从事研发运营，因而认定两主体在上述领域内具有竞争关系。遂判决：杭州快手公司停止在企业名称中使用“快手”字号并办理企业名称变更，赔偿北京快手公司经济损失及合理开支 25000 元。

浙江省杭州市中级人民法院经审理认为：经营者之间是否存在反不正当竞争法意义上的竞争关系，并不仅仅取决于经营者是否经营相同的产品，还取决于经营者在相关的经营活动中是否存在竞争关系。北京快手公司和杭州快手公司均为互联网行业的经营者，经营着与互联网相关的服务与产品，故二者存在竞争关系。在北京快手公司的企业名称是否属于具有一定影响力的企业名称的判定上，企业字号与商标均承载着企业的经营价值，当企业字号与其产品商标相同时，两者的知名度与美誉度会相互影响。本案中“快手” APP 的“快手”商标已具有相当高的知名度和影响力，并在消费者心中形成与特定企业特定产品的联系，应属“具有一定的市场知名度、为相关公众所知悉的企业名称中的字号”。杭州快手公司作为同行业竞争者，明知北京快手公司企业名称及字号享有较高知名度，仍擅自将“快手”作为企业字号登记注册并商业使用，主观上有明显利用“快手”字号在市场及相关公众心目中的良好品牌形象和声誉、谋取不当利益的意图，客观上引起公众对两者产品或服务的市场主体或来源产生混淆。遂判决：驳回上诉，维持原判。

【法官后语】

本案中，就是否构成不正当竞争的判定，二审法院首先对反不正当竞争法意义上的“竞争关系”进一步明确，认为竞争关系不仅仅存在于经营相同产品的经营者之间，同时还存在于从事相关经营活动的经营者之间，进而认定同为经营与互联网相关服务与产品的北京快手公司与杭州快手公司之间存在反不正当竞争法意义上的竞争关系。在判断北京快手公司企业字号知名度的情况时，综合考虑了与北京快手公司企业名称相同的“快手”APP产品的商标知名度，从而认定北京快手公司企业字号属于“具有一定的市场知名度、为相关公众所知悉的企业名称中的字号”，并最终判定杭州快手公司使用“快手”作为企业字号的行为构成不正当竞争。

本案的审理难点在于，对于反不正当竞争法意义上的竞争关系的把握与当企业字号和其产品商标相同时商标的知名度能否对企业字号产生影响的判断。在互联网快速发展的趋势之下，行业之间相互渗透，跨行业、跨领域经营已经成为常态，因此，对于经营者之间是否存在竞争关系的判断，不仅要考虑经营者是否经营相同的产品，更应当从经营者在相关的经营活动中是否存在竞争进行予以准确判断。对于与企业字号相同的商标对企业字号知名度的影响认定上，企业字号与商标，均承载着企业的经营价值，当企业字号与其产品商标相同时，两者的知名度与美誉度会相互影响、辐射，因此在该种情形下，对于企业名称知名度的判定应当综合商标的知名度与美誉度。

在审理不正当竞争案件中，被诉行为构成不正当竞争以双方是否存在竞争关系为前提，而对于竞争关系的判断，不仅要考虑经营者所经营的产品是否相同，更应当对经营者具体的经营活动进行对照比较，如此才能从实质上把握经营主体之间是否处于相关的市场。对于企业名称知名度的判断，则应当综合考虑企业名称在市场、相关公众之间的多种影响方式。

该判决不仅对反不正当竞争法意义上的竞争关系作出明确的判断，还在判断企业字号知名度的情况时，综合考虑了商标的知名度，从而对是否构成不正当竞争作出了准确的判断，对于法院类案同判起到良好指引效果。

编写人：浙江省杭州市中级人民法院　张政　梁琨

44

明知他人“有一定影响的字号”仍恶意攀附导致混淆的构成不正当竞争

——感知集团公司诉感知鼎坤公司不正当竞争案

【案件基本信息】

1. 裁判书字号

江苏省无锡市中级人民法院（2019）苏02民终2574号民事判决书

2. 案由：不正当竞争纠纷

3. 当事人

原告（被上诉人）：感知集团公司

被告（上诉人）：感知鼎坤公司

【基本案情】

刘某涛系我国物联网产业的领军人物，刘某涛所控股的感知集团公司已成为综合物联网产业化集团，在业内具有极高的知名度和影响力，“感知”字号属于感知集团公司具有较高知名度的字号。感知鼎坤公司法定代表人朱国龙原在感知集团公司下属企业任职，感知鼎坤公司原企业名称为四川鼎坤电子商务有限公司。在朱国龙任职期间，四川鼎坤电子商务有限公司将其企业名称变更为现有名称；感知鼎坤公司设立的四川鼎坤电子商务交易中心在经营过程中亦将其名称变更为四川感知鼎坤电子交易平台；在企业官网宣传中，感知鼎坤公司将“感知集团旗下物联网软件应用公司”作为其股东的背景进行宣传，但该股东实际上与感知集团公司无关；在感知鼎坤公司授权经营的南京感知电商平台上，平台直接将刘某涛的个人事迹及演说照片直接作为企业自身宣传内容。

感知集团公司向无锡市新吴区人民法院提出诉讼请求，要求感知鼎坤公司：

（1）停止不正当竞争行为，变更公司名称不得有“感知”及相近字样；（2）发布澄清声明及致歉公告；（3）赔偿其损失50万元。感知鼎坤公司辩称：“感知”属于固有词汇，双方不存在竞争关系，一般消费者容易相互区分，不会导致混淆，故不构成不正当竞争行为。

【案件焦点】

感知鼎坤公司在明知“感知”字号知名度的情况下修改名称、暗示股东关联背景等行为是否构成不正当竞争。

【法院裁判要旨】

江苏省无锡市新吴区人民法院经审理认为：“感知”属于感知集团公司“有一定影响的字号”，且知名度较高。感知集团公司与感知鼎坤公司均运用感知技术向相关公众提供服务，且均开设电子交易平台，具有直接竞争关系。感知鼎坤公司在企业名称、交易平台、对外宣传、授权经营方各个方面强化与“感知”以及感知集团公司的联系，容易导致相关公众混淆；感知鼎坤公司对于“感知”字号的知名度应属明知，主观攀附恶意明显。感知鼎坤公司应当承担停止侵害、消除影响并且赔偿损失的民事责任。

江苏省无锡市新吴区人民法院判决：一、感知鼎坤公司立即停止使用“感知鼎坤”字号中的“感知”文字、并至企业名称的登记主管机关办理名称变更登记；二、感知鼎坤公司在报纸及网站上刊登启事以消除影响；三、感知鼎坤公司赔偿感知集团公司经济损失50万元。

感知鼎坤公司持原审起诉意见提起上诉。江苏省无锡市中级人民法院经审理认为：二审过程中感知鼎坤公司已办理注销登记，但并未明确公司债权债务的继受主体，应认定公司股东澳新公司、饶某为债权债务继受主体。“感知”一词并非地理标记，虽与物联网技术密切相关，但它作为特定词汇是有过程的，它是经过感知集团公司一定时期业绩爆发式增长，以及该公司知名度、美誉度的大幅提升才取得的，最终形成了与感知集团公司非常紧密的关系，使广大经营者和消费者在接触“感知”字号时都会联想到感知集团公司。因此，“感知”字号具有一定的显著性和识别性。感知鼎坤公司的法定代表人朱国龙曾在感知集团公司工作过一段时间，其对“感知”字号和商标的知名度都十分了解。其在感知鼎坤公司名称上故意增加

"感知"字号，明显具有主观攀附的恶意，也明显存在误导公众的行为，扰乱了正常的市场竞争秩序，损害了其他经营者或者消费者的合法权益，该行为已经构成不正当竞争。一审判决认定事实和适用法律清楚，鉴于感知鼎坤公司事实上已经清算完毕并注销，故将民事赔偿责任主体变更为继受主体股东澳新公司、饶某。

江苏省无锡市中级人民法院依照《中华人民共和国反不正当竞争法》第六条，《最高人民法院关于适用〈中华人民共和国公司法〉若干问题的规定（二）》[①] 第十九条、第二十条，作出如下判决：

一、撤销无锡市新吴区人民法院（2018）苏0214民初2096号民事判决第一、第二项；

二、变更无锡市新吴区人民法院（2018）苏0214民初2096号民事判决第三项为：澳新公司、饶某于本判决发生法律效力之日起十日内赔偿感知集团公司经济损失50万元；

三、维持无锡市新吴区人民法院（2018）苏0214民初2096号民事判决第四项。

【法官后语】

本案案由系擅自使用他人企业名称的仿冒纠纷，根据法律规定构成擅自使用他人企业名称的不正当竞争行为须满足两大要件：一是他人企业名称（字号）具有一定影响；二是实施的混淆行为引人误认为是他人商品或者与他人存在特定联系。满足这两大要件，则构成不正当竞争，并应承担相应责任。因此，在本案审理过程中，对应上述要件将本案争议焦点归纳为：(1)"感知"是否属于"有一定影响的字号"；(2) 感知鼎坤公司的行为是否构成擅自使用他人有一定影响的字号的混淆行为。

一、"感知"是否属于"有一定影响的字号"

在本案审理过程中，针对"感知"一词，查询文献资料后得出，物联网通过智能感知、识别技术与普通计算等通信感知技术、广泛应用于网络的融合中，也因此

---

① 此处指2014年修正的《最高人民法院关于适用〈中华人民共和国公司法〉若干问题的规定（二）》，其已于2020年修正，本书收录的案例均裁判于其修改生效前，适用的是当时有效的法律法规及司法解释，下文将不再对此进行提示。

被称为继计算机、互联网之后世界信息产业发展的第三次浪潮；国务院、工业和信息化部、财政部等行政机关发布的相关文件以及学者相关学术文章中，亦将“感知”一词作为物联网技术、产业予以使用。感知鼎坤公司据此认为，“感知”一词属于固有词汇，是对一种技术的描述，并不具有显著识别的特征，相关公众均可使用。从技术中立这个角度看，这种观点存在一定的迷惑性，感知的确是物联网技术的一种。但是经过本案审理发现，早在2009年8月感知集团公司法定代表人刘某涛率领的团队向国家领导人作科研工作汇报时，就首次提出建设“感知中国”的理念。2010年感知集团公司设立，后陆续设立多家子公司且分布在全国各地，已成为综合物联网产业化集团，经过长期经营业绩爆发式增长，公司知名度、美誉度的大幅提升，在业内具有极高的知名度和影响力。“感知”作为企业字号并经感知集团公司长期使用后，“感知”二字可以与感知集团公司产生紧密联系，相关公众提及“感知”公司及“感知”企业字号第一联想的即刘某涛及其控股的感知集团公司。因此“感知”一词虽然可以用于描述相关技术或者产业，但是经过感知集团公司长期作为字号使用，已经在相关领域取得了显著识别的特征，能够指代感知集团公司，应当认定“感知”属于感知集团公司“有一定影响的字号”，且知名度较高。

二、感知鼎坤公司的行为是否构成擅自使用他人有一定影响的字号的混淆行为

司法实践中经常会遇到有企业技术骨干或者业务骨干跳槽或者自立门户后，利用对于原东家技术、业务、资源、管理运作方式等方面熟稔而模仿、攀附，本案即是一个典型的例子。感知鼎坤公司法定代表人朱国龙原在感知集团下属合约交易中心任职，应当对感知集团公司的企业知名度、相应产品以及服务对象有所了解。为了搭便车，感知鼎坤公司全方位向“感知”二字靠拢：(1) 感知鼎坤公司将企业名称增加“感知”二字，由四川鼎坤电子商务有限公司变更为感知鼎坤公司，法定代表人由曾晓庆变更为朱国龙；(2) 感知集团公司下设无锡感知合约交易中心的电子交易平台，而感知鼎坤公司亦将旗下的四川鼎坤电子商务交易中心变更为四川感知鼎坤电子交易平台；(3) 感知鼎坤公司在其官网宣传中，将“感知集团旗下物联网软件应用公司”作为股东背景进行宣传，但该股东实际与感知集团公司无关；(4) 在感知鼎坤公司授权经营的南京感知电商平台上，南京感知公司甚至将刘某涛的个人事迹及演说照片直接作为企业宣传内容。感知鼎坤公司明知“感知”属于感

知集团公司具有较高影响力的字号，仍将“感知”冠于其原有“鼎坤”字号之前，变更其电子交易平台名称，并通过上述宣传股东背景以及授权经营者的网页宣传行为，明示或者暗示相关公众其与感知集团公司存在特定联系，主观上攀附故意明显，并且容易导致相关公众混淆，损害了感知集团公司的合法权益，构成擅自使用他人有一定影响的字号的混淆行为。在本案审理中，法官从主观上是否有攀附的故意，客观上该行为是否易使相关公众产生混淆进行分析，在主客观相一致的情况下，充分运用民事证据规则，作出最终裁判。

编写人：江苏省无锡市新吴区人民法院　刘伟　刘博文

45

在虚假宣传中使用他人企业名称的不当然构成侵害企业名称

——重庆广播电视集团诉弥穹天越公司不正当竞争案

【案件基本信息】

1. 裁判书字号

重庆市第一中级人民法院（2019）渝01民终9155号民事判决书

2. 案由：不正当竞争纠纷

3. 当事人

原告（上诉人）：重庆广播电视集团

被告（被上诉人）：弥穹天越公司

【基本案情】

重庆电视台卫星频道即重庆卫视，2015年5月1日至2019年2月28日，该频道的台标为。该频道多次获得国家广播电影电视总局颁发的多项荣誉。重庆卫视频道、重庆电视台生活频道、重庆电视台都市频道系重庆广播电视集团单位内设电视频道。弥穹天越公司成立于2016年2月5日，其经营范围主要为舞蹈培训、声乐培训、演出经纪等。

弥穹天越公司工作场所摆放的关于“重庆电视台 2019 春晚”的宣传单，载明联合播出电视台有“重庆电视台生活频道、重庆电视台都市频道、重庆卫视频道”，播出媒体有“腾讯视频、爱奇艺、优酷视频”，主办方为“重庆电视台少儿新春晚会组委会”，协办方为“弥穹天越公司”，印有“、CQTV”图形及字样，宣传单上还载明了节目录制费用等内容。该公司员工向取证人员介绍宣传单的内容是由重庆电视台主办、该公司协办的少儿春晚活动，弥穹天越公司是主营儿童才艺培训的，在该公司报名参加培训的孩子，在参加重庆电视台举办的少儿春晚时有登台表演的优先权，可以与明星一起演出，演出将在春节期间在宣传单上载明的电视台、网络平台上播出。

重庆广播电视集团 2019 年举办了少儿春晚节目“好时光 · 七彩童年”，并为本案支出律师费 11200 元。

审理中，重庆广播电视集团明确其指控弥穹天越公司损害企业名称权的行为是弥穹天越公司冒用重庆广播电视集团企业简称、呼号及旗下电视频道等对外宣传，引人误认为是重庆广播电视集团商品及服务，并与重庆广播电视集团存在特定联系、误导消费者的行为。

【案件焦点】

经营者在虚假宣传中擅自使用他人企业名称的行为，如何认定侵权行为性质。

【法院裁判要旨】

重庆自由贸易试验区人民法院经审理认为：本案属于不正当竞争纠纷。原被告在存在竞争关系的基础上，被告在宣传单中擅自使用原告的企业名称，杜撰自己系少儿春晚活动的协办单位，误导公众其所宣传的活动系由原告主办、被告协办等虚假信息，其行为构成虚假宣传。但该行为不会让公众误认为其所宣传的活动系被告主办，其擅自使用原告的企业名称仅是其进行虚假宣传的一种手段，故原告指控被告构成侵犯企业名称的不正当竞争行为不成立。由于原告未举证证明其实际损失或被告的侵权获利，对此其应承担举证不能的不利法律后果。鉴于本案原告聘请了律师出庭等实际情况，法院酌情确定被告赔偿原告合理费用 11200 元。

重庆自由贸易试验区人民法院依照《中华人民共和国民法总则》第一百七十

九条，《中华人民共和国反不正当竞争法》第二条、第六条、第八条、第十七条，《中华人民共和国民事诉讼法》第六十四条、第一百四十二条之规定，判决：一、被告弥穹天越公司于本判决生效之日起立即停止涉案虚假宣传行为；二、被告弥穹天越公司于本判决生效之日起五日内在《重庆日报》上刊登声明，以澄清事实、消除影响（内容需经法院审核）；三、被告弥穹天越公司于本判决生效之日起五日内赔偿原告重庆广播电视集团合理费用11200元；四、驳回原告重庆广播电视集团的其他诉讼请求。

重庆广播电视集团不服该判决，提起上诉。重庆市第一中级人民法院经审理认为：被上诉人宣传单中使用了上诉人台标及简称并杜撰相应虚假信息误导相关公众的行为构成擅自使用他人企业名称及虚假宣传行为的竞合。从整个行为的实质上来看，被上诉人使用上诉人台标或简称的行为仅仅是其虚假宣传的组成部分，其真正目的是以此误导相关公众，故一审将整个行为认定为虚假宣传行为并无不妥。且一审判决被上诉人停止虚假宣传行为，其中也包括了停止在虚假宣传行为中使用上诉人台标或简称的行为，已达到上诉人要求被上诉人停止虚假宣传及损害上诉人企业名称的不正当竞争行为的诉请目的。同时，因被上诉人实施的整个行为的实质为虚假宣传行为，但因其一审中未举证证明其实际损失，二审中举示的与案外人的合作协议无相应票据，合同履行情况不明，不能达到其证明目的，不予采纳。因此判决：驳回上诉，维持原判。

【法官后语】

判断被告的行为是否构成侵害企业名称，应当从其主观上是否有将他人企业名称作为商业标识单独或突出使用，是否有不正当竞争的侵权故意、客观上是否会引起相关公众混淆、误认等因素综合判断。若仅系商业宣传中的陈述性使用行为误导相关公众的，则应归属为虚假宣传的不正当竞争行为；若其进行虚假宣传时将他人企业名称进行标识性使用，则应从其行为实质出发，进行综合判断。

本案中，一方面，从目的来看，被告进行虚假宣传时使用原告的企业名称，不是为了让公众误认其所宣传的少儿春晚活动是由被告主办，而是使公众误以为被告系该活动的协办方，在被告处报名参加才艺培训的学员有优先参加少儿春晚表演的权利，从而达到吸引公众报名参加被告公司的才艺培训的目的；另一方面，从结果来看，被告在宣传中使用原告的企业名称的行为，不足以导致相关公众的混淆误认该活动系被告主办。从原告举示的证据可知，被告员工在对外宣传时明确表达了少儿春晚的主办方是原告、被告处主要从事童星包装业务等意思，上述意思表示不足以使公众误认为其所宣传的少儿春晚活动系被告主办的活动或者原被告之间存在特定联系。因此，被告使用原告的企业名称仅是其虚假宣传行为的一部分，就其整个行为实质而言，应当被认定为虚假宣传。

对于经营者在虚假宣传中擅自使用他人企业名称的，应该从经营者行为实质出发进行判断，通过确定侵权行为性质，明确该侵权行为应当承担的法律责任，严厉打击，维护市场秩序，保证市场的健康运行。

编写人：重庆自由贸易试验区人民法院　潘寒冰　曹玉婷

46

恶意提起知识产权诉讼构成要件的司法判定

——圣壹门公司诉易动公司不正当竞争案

【案件基本信息】

1. 裁判书字号

北京知识产权法院（2019）京73民终50号民事判决书

2. 案由：不正当竞争纠纷

3. 当事人

原告（被上诉人）：圣壹门公司

被告（上诉人）：易动公司

【基本案情】

圣壹门公司是动画电影《吃货宇宙》的制作方和出品方，易动公司是电影《美食大冒险》的制作方，两部电影的元素和定位存在重叠，均计划于2018年在国内上映。圣壹门公司认为，2016年5月至9月，《吃货宇宙》在戛纳电影节、多伦多电影节上参展引发热烈反响后，易动公司为干扰、阻止圣壹门公司影片制作和上映，以虚假的事实恶意提起多起知识产权诉讼，诉讼期间以向各种渠道投诉的方式诋毁圣壹门公司的商誉，给圣壹门公司带来困扰和各种损失，损害了圣壹门公司在世界相关公众中的形象。圣壹门公司主张易动公司提起的系列恶意诉讼包括：（1）2016 年 7 月 6 日，易动公司以侵害作品改编权纠纷为案由向丰台法院起诉圣壹门公司的股东之一天工异彩公司，主张《吃货宇宙》动漫卡通主要形象作品与易动公司的形象作品相似，圣壹门公司模仿、抄袭、改编易动公司已经公开发行的动画作品形象，并要求其承担侵权责任。后，易动公司以起诉主体有误为由撤回起诉。（2）2016 年 11 月 17 日，易动公司以侵害作品改编权及不正当竞争为案由向海淀法院起诉圣壹门公司及天工异彩公司，该案事实与理由与丰台法院案件一致，要求两被告承担相应侵权责任。2017 年 5 月 4 日，海淀法院判决驳回了易动公司全部诉讼请求。易动公司不服一审判决，向北京知识产权法院提出上诉，2018 年 2 月 20 日，北京知识产权法院判决驳回易动公司上诉请求，维持一审判决。（3）2017 年 4 月 24 日，易动公司的全资子公司蔚蓝的海公司向南京铁路运输法院起诉本案圣壹门公司及《吃货宇宙》其他著作权人侵害其享有的《蒸盒号起航》电影作品中动画形象及故事情节著作权，并主张其构成不正当竞争，要求承担侵权责任。2018 年 3 月 20 日，南京铁路运输法院判决驳回了蔚蓝的海公司的全部诉讼请求。蔚蓝的海公司因不服南京铁路运输法院作出的一审判决，上诉至南京市中级人民法院。2018 年 7 月 23 日，南京市中级人民法院判决驳回上诉，维持原判。

【案件焦点】

1. 易动公司实施的涉案行为是否构成恶意提起知识产权诉讼；2. 易动公司实施的涉案行为是否构成商业诋毁；3. 易动公司实施的涉案行为如构成侵权，其应当如何承担民事责任。

【法院裁判要旨】

北京市海淀区人民法院经审理认为：易动公司及其全资子公司在明知其相关诉讼行为缺乏法律和事实依据的情况下坚持诉讼，其目的并非在于积极维权，其主观恶意较为明显。易动公司在明知其请求缺乏正当理由的情况下，对圣壹门公司恶意提起一系列侵权诉讼，致使圣壹门公司在诉讼中遭受律师费等经济损失，应当予以赔偿。此外，一审法院还认定易动公司事实的系列行为构成商业诋毁，应当承担停止侵权、消除影响、赔偿损失的民事责任。

北京市海淀区人民法院作出判决：一、易动公司于判决生效之日起停止对圣壹门公司商业诋毁的不正当竞争行为；二、易动公司于判决生效之日起五日内向圣壹门公司发送书面致歉声明，消除因本案侵权行为对圣壹门公司造成的影响（内容需事先经一审法院审核，如逾期不履行，一审法院将根据圣壹门公司的申请将生效判决的主要内容在全国性的媒体上予以公开，相应费用由易动公司承担）；三、易动公司于判决生效之日起十日内赔偿圣壹门公司经济损失及合理支出共计50万元；四、驳回圣壹门公司的其他诉讼请求。易动公司不服，仍持原审诉讼意见上诉至二审法院，要求改判支持其全部诉讼请求。

北京知识产权法院经审理认为：结合我国前述民事法律中关于侵权行为的一般规定，认定易动公司实施的涉案行为是否构成恶意提起知识产权诉讼，应当考虑如下要件：一是行为人有主观恶意；二是行为人提起诉讼的行为具有违法性，即行为人提起了在事实上和法律上没有依据的诉讼；三是行为人恶意提起的知识产权诉讼给相对方造成了损害后果；四是行为人恶意提起知识产权诉讼的行为与相对人的损害后果之间有因果联系。二审法院在综合分析本案事实和证据的基础上，同意一审法院的裁判意见，并进一步进行了阐述论证，并作出判决：驳回上诉，维持原判。

【法官后语】

"因恶意提起知识产权诉讼损害责任纠纷"的案件属于新类型疑难案件，本案的审理除涉及著作权法相关规定外，还应适用民法典中关于侵权行为的一般规定。本案判决围绕我国前述民事法律中关于侵权行为的一般规定，结合案件事实深入归纳分析了判断涉案行为是否构成恶意提起知识产权诉讼的构成要件，对类似案件的审理具有一定借鉴意义。

本案中较为深入探讨论证了"恶意提起知识产权诉讼"的构成要件。认定易动公司实施的涉案行为是否构成恶意提起知识产权诉讼，应当考虑如下要件：一是行为人有主观恶意；二是行为人提起诉讼的行为具有违法性，即行为人提起了在事实上和法律上没有依据的诉讼；三是行为人恶意提起的知识产权诉讼给相对方造成了损害后果；四是行为人恶意提起知识产权诉讼的行为与相对人的损害后果之间有因果联系。

具体而言，在此类案件的认定中，首先，应当审查的是行为人提起知识产权诉讼的主观要件，即是否具有主观恶意的认定。虽然民事侵权行为的可归责意思状态通常包括故意和过失，但知识产权恶意诉讼在其意思状态表现上具有特殊性，这不仅表现在行为人对于其提起的诉讼缺乏事实和法律依据是明知的，还表现为其意图通过诉讼手段干预商业竞争者，从而造成对方产生利益损失，即行为人提起诉讼具有侵害对方合法权益的不正当诉讼目的，其恶意不仅表现为主观故意，且这种主观故意是确定、明显的，故不应当包括各种过失行为；否则将不利于保障当事人合法行使诉权，不利于保护和激励知识产权权利人维护其知识产权。据此，本案首先应当判断易动公司及其全资子公司蔚蓝的海公司提起系列知识产权诉讼时主观上是否具有恶意。本案中，法院通过综合分析易动公司及其全资子公司先后提起三次诉讼的过程及本案其他相关事实，最终认定易动公司及其全资子公司蔚蓝的海公司提起系列诉讼的诉讼目的已经超出合法正当维权的范畴，表现出了较为明显的主观恶意。

其次，因恶意提起知识产权诉讼损害责任纠纷作为另一起知识产权诉讼所引发的纠纷，如果该诉讼并未对相对方造成损害后果，后一纠纷可能就没有存在的必要。这种损害后果不仅包括因恶意提起知识产权诉讼给相对方造成的直接财产损害，还应当包括给相对方造成的间接财产损害和对其商业信誉等造成的损害。本案中，圣壹门公司为应对易动公司等提起的系列侵权诉讼所支付的律师费，属于其为进行诉讼而支出的合理费用，该费用支出因易动公司等提起的系列诉讼而直接引起，属于因易动公司等发起的系列诉讼行为致使圣壹门公司遭受的直接经济损失。

最后，关于侵权行为与损害后果之间具有因果关系，即损害后果如社会声誉的降低、财产的损失等均是由对方当事人滥用诉讼权利的行为所导致。本案中，圣壹门公司为维护自身合法权益聘请律师应对诉讼符合常理，其所支付的律师费与易动公司恶意提起的侵权诉讼具有当然的因果关系。虽然易动公司起诉的系列诉讼并非全部由易动公司直接提起，但蔚蓝的海公司系易动公司的全资子公司，其在知晓易动公司提起相关诉讼后又提起后续诉讼的行为，易动公司必然知晓，蔚蓝的海公司提起诉讼的行为并非为维护其合法权益，而是与易动公司在先提起的诉讼共同构成不合理地损害圣壹门公司市场地位和商誉的起诉行为，因此蔚蓝的海公司的行为应当与易动公司的行为一并视为易动公司为制约、损害圣壹门公司利益的不当行为，圣壹门公司有权要求易动公司对其一并承担责任。

编写人：北京知识产权法院　刘义军

图书在版编目（CIP）数据

中国法院2021年度案例．知识产权纠纷／国家法官学院，最高人民法院司法案例研究院编．—北京：中国法制出版社，2021.4

ISBN 978－7－5216－1736－8

Ⅰ.①中…　Ⅱ.①国…②最…　Ⅲ.①知识产权－民事纠纷－案例－汇编－中国　Ⅳ.①D920.5

中国版本图书馆CIP数据核字（2021）第048085号

策划编辑：李小草（lixiaocao2008@sina.cn）
责任编辑：韩璐玮　白天园　　封面设计：温培英　李宁

中国法院2021年度案例．知识产权纠纷

ZHONGGUO FAYUAN 2021 NIANDU ANLI. ZHISHI CHANQUAN JIUFEN

编者/国家法官学院，最高人民法院司法案例研究院
经销/新华书店
印刷/三河市紫恒印装有限公司
开本/730毫米×1030毫米　16开　　印张/12.25　字数/163千
版次/2021年4月第1版　　2021年4月第1次印刷

中国法制出版社出版
书号 ISBN 978－7－5216－1736－8　　定价：62.00元

北京西单横二条2号
邮政编码 100031　　传真：010－66031119
网址：http：//www.zgfzs.com　　**编辑部电话：010－66071862**
市场营销部电话：010－66033393　　**邮购部电话：010－66033288**

（如有印装质量问题，请与本社印务部联系调换。电话：010－66032926）